「過去の自分」に贈る手紙

自分を信じて生きるための
41のアドバイス

この本を手にしたあなたへ

エリン・スプラギンズ

時をさかのぼって若い頃の自分に手紙を出せるとしたら、いつ頃の自分に出しますか？　その手紙にはどんなことを書きますか？

私が何十人もの素晴らしい女性たちに尋ねたのはこんな質問でした。現在もっとも活躍中のクリエイティブでパワフルで著名な女性たちが、この質問に興味を持ち、インタビューに答えてくれました。私は彼女たちに、過ぎ去った大事な時間に思いを馳《は》せてもらうお手伝いをしたのです。もし過去のその時に、今の彼女たちの理解力があったとしたら、どれほど役に立ったか知れません。『「過去の自分」に贈る手紙』は、こんな質問に対する彼女たちの真摯《しんし》な答えであり、それに答えることによって与えてくれた知恵は、私の期待をはるかに超えていました。

私がこんな非凡な女性たちから、本当に大切なものが何かを見抜く力を借してほしいと思った理由は単純です。母が恋しかったのです。母は、私が32歳のとき、飛行機事故で亡くなりました。幸せに育った私にとっては、人生で初めての悲劇でした。ショックすぎて、とても信じられませんでした。ママが？　たったの60歳で？　大叔母さんのお葬式に向かう飛行機が事故？

父が「生存者はひとりもいなかったそうだ」といい終える前に、私ははじかれたようにベッドに起き上がっていました。まるで父の声に電流でも通っていて、叩き起こされたようでした。同時に、何かが体の中を駆け抜けていきました。骨格を複雑に縫い合わせる目には見えない糸、まさかそんなものが自分の中にあるとは思いもしなかった糸が、体を突き破って飛び去っていったようでした。母が逝《い》ってしまった。そのことを私はまず骨と腱《けん》で感じたのでした。得体の知れないその糸が体から抜け出し、暗いシカゴの夜空に消えていった後、私はまるで抜けがらのようでした。

悲しみは、いやというほどこの世にあふれています。そんな多くの悲しみの中では、私の悲劇などたいしたことはありません。母のような素晴らしい人が、長い間自分の母親でいてくれたのがどれほど贅沢だったかも、しみじみとわかってきました。優しくて、思いやりがあって、まっすぐで、いつも温かい微笑みを絶やさなかった母。母の名はジョイスといいました。

でも、自分がどんなに幸運だったかわかったからといって、母を失った悲しみが癒《い》えるわけではありませんでした。時が経ち、私自身を取り巻く状況が母のそれと似通ってくるにつれて、新たな悲しみも感じるようになりました。

私は32歳で母を亡くしました。母は21歳のときに母親を亡くしています。私は子宮外妊娠をして片方の卵管を切除し、その後娘を養子にもらい、息子を妊娠しました。母は5回の流産を経て、後に5人の子どもを生みました。自分なりに悪戦苦闘しながら、それでもそのときそのときを楽しみつつ人生を歩むうちに、母への感謝と、母がどんなふうに生きてきたかを思う気持ちもますます強くなりました。それでも折々に、母に一番そばにいてほしいときにいてもらえないという、胸を刺すような新たな痛みも感じたのです。

この本は、そんな瞬間の積み重ねから生まれました。子どものようにひたすら母を求める時期が過ぎると、母についてもっと知りたいと思うようになりました。こんなとき母ならどうしただろう、こんな障害をどうやって乗り越えたのだろう、がっかりしたり裏切られたりしたときにはどう気持ちの整理をしたのだろう……。

もちろん、アドバイスしてくれたらどんなによかったかと思います。でも欲しかったのは、アドバイスばかりではありません。人生の節目節目に、それが起きた時点で母が何を考え何を感じたか、そしてもし、いろんな人生経験を経た後でそのときを振り返ってみたとしたら、母はどう思っただろう。どうすればよかった、あるいはどうしなければよかったと思うだろう。そのときは何でもないことに思えたのに、振り返ってみれば大切だったと思うのはどんなことだろう？　何が母の人生を支えていたのか、その支柱、骨組み、土台が何だったのか、そしてそれがどんなふうに組み合わされていたのかを知りたかったのです。

そのとき、何もそんな不可能なことを追い求めなくてもよいのだと気づきました。女性なら誰でも悩んだり、後悔したり、「あのときこうしていたらどうなっていただろう」という思いを抱えている。だからこそ、そうして得た知恵を人にも分けてあげられる。そうだ、私の尊敬する女性たちに聞いてみよう。これがこのプロジェクトの種であり、私にとってはひとつの啓示でした。そしてこの種は、２００3年4月号の「O、ザ・オプラ・マガジン」のたったひとつの記事から育ちはじめました。うれしいことに、それぞれの道を究《きわ》め、優しく思いやりにあふれた素晴らしい女性たちがこの企画に賛同し、自分の人生の秘密を明かしてもいいといってくれました。この本を仕上げた今、これがたくさんの女性たちにとって、それぞれの悩みをよりよく理解する手がかりになればと思います。そして何より、「悩みを乗り越えようと努力することこそが貴く素晴らしい」ことに気づくお役に立てば幸いです。

私たちは、一番賢明でなければならないときに、タイミングよく賢明でいられるとはかぎりません。誰でも悩み、不安になります。どうしてあのときそんなことをしようと思ったのか、ずっと後になってようやくわかるということもよくあります。

バーバラ・ボクサー上院議員や、女優のオリンピア・デュカキス、活動家のヘザー・ミルズ・マッカートニーのような成功を収めた女性たちは、若き日の自分にどんなアドバイスをするだろう?

その答えが、あなたが手にしているこの本の中にあります。時をさかのぼる手紙という形で。ここに登場する女性たちが手紙を書くお手伝いをしているうちに気づいたのは、「どんなメッセージを伝えるか」に悩んだ人はひとりもいなかったということです。それよりも、あまりにも多くの悩みや危機の中からどれを選ぶかを一緒に考えることのほうが圧倒的に多かったのです。

ここでのインタビューは、ジャーナリストとしてほぼ四半世紀を過ごしてきた私のこれまでの経験とは、驚くほど違っていました。個人的であるのはもちろんですが、それだけでは全体に流れる感情のほんの一部をいい当てているに過ぎません。私は、恐ろしく多忙を極める、とんでもなく聡明で才気あふれる女性たちに、ひととき立ち止まって、自らの人生の秘めた一面——これまでに犯してきた過ちや、自らのもろさや恐怖について、振り返ってみてほしいと頼んだのです。

私たちの話は、たいていひとつの物語から別の物語へとめぐり、そうするうちに、ひとりの女性の人生のほの暗い瞬間を包む固い結び目が解けていきました。それは、まったくの他人である私に自らをさらけ出すということでした。でも、彼女たちは何ひとつ包み隠すことなく、惜しみなく自分の人生の秘密を明かしてくれた。そんなふうに、私という人間を信じていただいたことを誇らしく思います。

ここに登場する女性たちの手紙は、それを宛てて書いた年齢もアドバイスもさまざまです。でも、いくつかの共通点があります。

ひとつは、誰もが、かつての自分に心からの優しさを抱いていること。

次に、たとえば「そんな仕事は辞めなさい」とか「モンタナに行きなさい」というような、具体的な身の処し方や行動を促すものより、激しい感情をいかにコントロールするかを伝えたい人が多いこと。彼女たちにとって、戦いとは、外の世界ではなく、自らの内側で繰り広げられるものだったのです。

ニュースキャスターで『トゥデイ』ショーのアンカーであるアン・カリーは、最初の仕事に就いたとき、その仕事のせいで本当の自分を見失ってしまうのではないかと恐れ、またオリンピック体操選手のシャノン・ミラーは、競技を引退した後、再び目を見張るようなアンコールを世界中から要求されていると感じていました。

手紙に現れる女性たちの明らかな弱さと、今の彼女たちの人生における強さ、あるいは仕事の上の強さとの間に関連があるのもおわかりになるでしょう。漠然とした恐怖心や些細な欠点に悩んでいた漫画家のロズ・チャストは、今ではその恐怖や欠点を漫画にしてみんなを笑わせることを仕事にしています。ひとりぼっちでいるよりも抑圧された関係に耐えるほうがましと思っていたアイリーン・フィッシャーは、今は何よりも自分のために生き、ひとりの時間を大切にしたい女性のための服をつくっています。

恐れや悩みには何の理由もなく、不安や疑惑はただの空想、もっと早く思い切って一歩を踏み出すべきだったなどということは、後で振り返ってみて初めてわかるものです。

ここに登場する女性たちと自分を比べるなどとんでもないとお思いになるかもしれません。でも同時に、今トップランナーとしてそれぞれの道をひた走っている女性でさえ、不安を感じ、何かに憧れ、つまずいてきた……、それは私たちにとっても励みになるのではないでしょうか。素晴らしい才能にあふれた女性たちだって、最初から自信満々だったわけでも、たちまち成功したわけでも、完璧な姿で人生に船出したわけでもないのです。それなら私たちだって、今は思い描くことさえできないほどのはるかな高みにある夢に、いつか到達できる可能性があるはずです。

つらい試練の時期に成長しようとするのは、ひとりぼっちの孤独な闘いです。この本が、そんな孤独をやわらげてくれることを願っています。こんなに素晴らしい女性たちが常にあなたのそばで見守っていることを、どうか忘れないでください。

この本を手にしたあなたへ――3
マデレーン・オルブライト　元アメリカ合衆国国務長官
「あなたには目標を見つけるガッツがあるのよ」――18
マヤ・アンジェロウ　詩人／作家／劇作家
「誰かに育ててもらってはだめよ――あなたはもう立派な大人なんだから」――23
レイチェル・アッシュウェル　「シャビーシック」創設者
「まだ学校は辞めちゃダメ」――27
バーバラ・ボクサー　米・カリフォルニア州上院議員
「他の人のいうことをすぐにはねつけてはいけない」――34
スージー・バフェット　スーザン・トンプソン・バフェット財団会長
「心の筋肉をゆるめなさい」――38
ロズ・チャスト　マンガ家
「子どもでいるより、大人のほうがいい」――45

ブリーナ・クラーク　小説家
「殻を破って、もっといろんなことを試してごらん」——49
アン・カリー　『トゥディ』ニュースアンカー
「本当の自分を堂々と示すべきときなのよ」——54
キャロリン・ディーヴァー　乳がんからの生還者
「自分の感情が求めているものを無視しないで」——61
オリンピア・デュカキス　女優
「楽しみ方を覚えなくちゃ」——67
アイリーン・フィッシャー　服飾デザイナー／起業家
「ひとりで生きることを怖がらなくていいのよ」——75
メイシー・グレイ　シンガー・ソングライター
「まず一番に自分を楽しませること。後は自然に道が開ける」——82
ノア・アル・フセイン　前ヨルダン王妃
「完璧である必要はない」——86

ジェーン・カツマレク　女優
「成功の本当の意味、それは、思いやりのあるバランスのとれた人格者になるということ」――93
キティ・ケリー　作家
「真実を語れ。しかし足の速い馬に乗って」――102
ゲリー・レイボーン　オキシジン・メディアCEO
「頭の中にある『間違いをあげつらってばっかりのラジオ』は、さっさと切ってしまいなさい」――108
レベッカ・ロボ　オリンピック代表バスケットボール選手
「男なんてよりどりみどりだよ」――116
カムリン・マンハイム　女優
「この世は年金みたいなものよ。掛けた分だけもらえるってこと」――122
メアリー・マタリン　政治評論家
「仕事で成功するための、絶対正しい方法なんてない」――130
ヘザー・ミルズ・マッカートニー　活動家
「ノーといえるようになりなさい」――137

トリッシュ・マケヴォイ　メイクアップ・アーティスト／トリッシュ・マケヴォイ社創立者
「人生で一番大事なのは、時間と人」――143
シャノン・ミラー　オリンピック代表体操選手
「人は間違いからも学べる」――151
シェリー・モリソン　女優
「人生は、そのときにわかっていることだけしかわからない」――156
マリリン・カールソン・ネルソン　カールソン・カンパニーズCEO
「あまりにもバランスが悪いと感じたら、人生を変えなさい」――161
イングリッド・ニューカーク　動物の倫理的扱いを求める人々の会創設者
「あなたは自分の心の声に従った」――168
ジェーン・ブライアント・クイン　作家／コラムニスト
「子どもたちのことはね、大丈夫よ」――174
フィリシア・ラシャド　女優
「あなた自身の成長と進歩を、何よりも優先させなければ」――180

アン・レインキング　ダンサー／振付家
「もうすぐ、ほっとする日がくるよ」――184
コーキー・ロバーツ　コラムニスト／コメンテーター
「すべてを同時にやる必要はない」――189
ノーラ・ロバーツ　作家
「洗濯物はおとなしく待っていてくれる」――194
ジョイス・ロシュ　ガールズ・インクCEO
「肩の力を抜いて、成功を楽しむのよ」――199
リザ・スコットライン　小説家
「ルックスは、あなたが思っているより全然重要ではない」――204
ビバリー・シルズ　オペラ歌手
「一瞬一瞬を大切にするのよ」――208
リズ・スミス　レポーター
「自分で自分をケチな小者にするなんて、精神的によくない」――213

マデレーン・オルブライト
Madeleine Albright
元アメリカ合衆国国務長官

「あなたには目標を見つけるガッツがあるのよ」

アメリカ合衆国の国務長官まで務めた女性が、実は、人の輪にうまく入れるかどうかいつも気にしている人だ、などといったら変かもしれない。でも、マデレーン・オルブライトはずっとそういう人だった。本来、人が集まるところでは、話に割り込むよりも、じっと人の話に耳を傾けるタイプ。ワシントンDCにあるオルブライト・グループの広々としたオフィスで、マデレーンは、人に好かれたい、後悔を感じることなく他人に受け入れられたいと思っていた昔を振り返った。「結局、それも欠点というわけじゃないと思うようになったわ。受け入れられたい、好かれたいという思いも、私がここまでこられた理由の一部なんですもの」。

真っ赤なスーツにルケーシーの茶色のカウボーイブーツ、69歳のマデレーンは、その率直で気さくな人柄ですっかり私を虜《とりこ》にしてしまった。カウボーイブーツなど履いたこともないし、ましてや閣僚の肩書きなどあるはずもない私を、彼女は対等に扱ってくれた。思ったよりも小柄で、インタビューの間中ほとんど身じろぎすらしない。私の言葉は、その生真面目な青い目に吸い込まれていくようだった。笑っているときでさえ、どこかしら真剣さが漂う。目の前にいるこの女性は、ヨハネ・パウロ二世やダライ・ラマ、ネルソン・マンデラをはじめとする世界の指導者と数えきれないほど多くの時間を過ごしてきた。また虐殺、戦争、米国大使館爆破事件、アフガニスタンのテロリストキャンプ疑惑地域への米軍巡航ミサイル攻撃など、数々の危機に立ち向かってきた人なのだ。

少女時代の名はマリー・ジャナ・コルベル。プラハに生まれたマデレーンは、子どもの頃家族とともにアメリカに移住した。丸々と太ってりんごのような頬をしていたと自らいう高校時代は、ふつうのアメリカ人らしく、親しみやすい人だと思われたいために、涙ぐましい努力をした。でもその努力は、たとえば自習時間中におしゃべりをした同級生を先生に突き出すといった具合に、高圧的に感情を爆発させてしまう生真面目な性格のせいで、しょっちゅう水の泡になった。デンバーの私立女子校ケント校を卒業したマデレーンは、名門女子大ウェルズレイ大学に入学、同校を卒業して3日後、ジャーナリストのジョー・オルブライトと結婚した。

この手紙は1982年春、23年間続いた結婚生活が破綻したショックをいまだに引きずっていた44歳の頃の自分に宛てたものだ。ジョーに離婚したいと告げられて間もなく、マデレーンはジョージタウン大学外交政策学部の教授職への誘いを受けた。この頃すでにコロンビア大学の修士号と博士号を取得し、エドマンド・マスキー上院議員の主席立法補佐官を務め、米国国家安全保障会議のスタッフとしても活躍していた。新しい職場での仕事は、女性が国際関係の道に進みやすくなるようなカリキュラムづくり。彼女は若い女性のお手本になることを期待されていたのだ。

†

マデレーンへ

あなたはいつか必ず不安でいっぱいの霧の中から抜け出せるわ——それも、一番いい方法で。今は心にぽっかり穴が開いたように感じているけど、そのせいでひがみっぽくなったり、冷たくがんこになったりはしない。これからの10年間で、あなたは自分自身を徹底的に改造して、成功と、はかりしれないほどの満足感を手にすることになるのよ。

気づいているかしら、あなたには目標を見つけるガッツがあるのよ。それを自分の思いどおりに実行する誠実さも。あなたの両親は、「与えられた能力のすべてを使って、できることはすべて成し遂げるよう努力しなさい」と教えたはずよ。今まさに、あなたは与えられた能力を精一杯駆使して、自分が何をいいたいのかを見出し、それを祖国のために活かそうとしている。この先、それがどんなふうに実現していくかを見たら、きっと自分でもびっくりするわ。

「どうすれば先生みたいに結婚して子どもを育てながら仕事ができるんですか」と学生に聞かれるたびに、なんだか自分が嘘つきみたいな気がするんでしょう？　あなたは、本当はそういう生き方に失敗したと思っているから。自分がお手本としてふさわしい人間だと思うのは簡単なことじゃないかもしれない。でも、あなたにはその資格があるのよ。

すでにいいお手本になっていることに気づくには、まだ何年もかかるでしょう。でも結局あなたは、自分が思っている以上に多くの女性に刺激を与える存在になるのよ。今から23年後、多くの女性たちが国際関係の道に進みたいというのを聞いて、あなたはこういうの。その夢を実現するのに、必ずこうしなければならないお手本なんてどこにもない。誰もが、それぞれ自らの道を選びとり、それぞれに歩いていけばいいのよ。そういえることが、あなたにとって一番うれしい瞬間になるはず。

自信を込めて。マデレーンより

マヤ・アンジェロウ
Maya Angelou
詩人／作家／劇作家

「誰かに育ててもらってはだめよ
――あなたはもう立派な大人なんだから」

マヤ・アンジェロウ博士は、マルグリート・ジョンソンとして生まれ、母のレディ・ヴィヴィアン・バクスターに育てられた。母は起業家、ビジネスウーマンとして成功を収めた沈着冷静な女性。ホテルを所有し、いつもダイヤモンドのイヤリングをしていた。

1945年夏、高校を出たばかりのマルグリートは、未婚で妊娠していた。9月に息子を出産。その2ヶ月後、家を出ることを決意した。

住み込みの使用人までいる母の大邸宅。何不自由ない暮らしを捨てて出ていく――、それは勇敢で独立心にあふれた彼女らしい選択だった。その後マルグリートは、驚くほど数々のことに挑戦し、次々と活躍の場を拡げていった。フランス語、イタリア語、スペイン語、そして西アフリカファンティ語をマスターした。ダンサーとして舞台で踊り、作曲し、芝居を書き、映画への出演・監督もした。1960年代にはマーティン・ルーサー・キング・ジュニアに請われて、南部キリスト教指導者会議の北側コーディネーターを務めた。1993年にはビル・クリントン大統領が、大統領就任式のための詩を彼女に依頼した。

著作活動も並はずれている。1969年にランダムハウス社から出版されベストセラーになった『歌え、翔べない鳥たちよ』（立風書房）をはじめとする6冊の自伝、児童書3冊、戯曲6本、映画脚本2本他、数えきれないほどの詩や著作がある。1971年には、詩集『Just Give Me a Cool Drink of Water'fore I Diiie（死ぬ前に冷たい水をください）』でピューリッツァー賞にノミネート、1981年にはウェイクフォレスト大学のアメリカ研究レイノルズスクール教授として、終身教授に任命された。

わずか17歳で、生まれてたった2ヶ月の乳飲み子を抱いて母の家を出た日、後に彼女がこれほど多くの成功を収めるなどと誰に想像できただろう。だがこのときすでに彼女は仕事も、階下に共同自炊できるホールがあり、子どもをみてくれる大家さんのいる部屋も見つけていた。これは78歳になったアンジェロウ博士が、若かりし自分に宛てた手紙である。

†

マルグリートへ

今のあなたはひとり立ちしたくていても立ってもいられないのね。何時までに家に帰れとか、子育てはこうすべきだなどと誰にも口出しされたくない。あなたは今、快適このうえない母さんの家を出て行こうとしている。母さんもそれを止めはしない、だってあなたという人間を知りすぎるほど知っているから。

でも、母さんの言葉に耳を傾けて。

「この家を出ていくんなら、もう誰かに育ててもらってはだめよ――あなたはもう立派な大人なんだから。

あなたはもう、何が正しくて何が間違いかを知っている。

これからは、どんな人に出会っても、自分から進んでなじもうとしなさい。

そして、歩み寄る努力をしなさい。

それから忘れないで、いつだってここに帰ってきていいのよ」


この先、あなたは何度も家に帰るでしょう。世間に叩きのめされたとき――そしてみんなの前で大失敗したときにも。一緒に過ごすのはいつもほんの2、3週間だけだけど、その間、母さんはあなたを甘やかし、大好物の赤インゲン豆と米の料理を食べさせてくれるわ。あなたはたびたび家に帰る、そのたびに母さんはまたあなたを解放してくれる。あなたを自由にしてくれる――、それは母さんのくれたたくさんの贈り物の中でも、あなたを勇気ある人にしてくれたことに並ぶ最高の贈り物。

さあ、勇気を持ちなさい、でもむこう見ずにはなってはいけない。

今の自分のまま、誇りを持って歩いていきなさい。

マヤより

レイチェル・アッシュウェル
Rachel Ashwell
「シャビーシック」創設者

「まだ学校は辞めちゃダメ」

ふかふかの枕と羽布団が目の前にある。洗いざらしの白いデニムやクリーム色のリネンカバーが掛かった、ふっくらしたアームチェア。引っかきキズさえ誇らしげなアンティークのテーブル……。

ふだん使いの気どらないリネンに満ちあふれたレイチェル・アッシュウェルのフリーマーケットワールドでは、ブランドより使い心地が優先される。イギリスで育ち、独学でデザイナーになって起業したレイチェルは、現在46歳。月並みに甘んじることが何より怖いという。彼女にいわせれば、ふつうのインテリアが代わり映えしないのは、要するに誰かがすでにやってしまっているからだ。「月並みというのは、上っ面しか努力してないってこと。情熱を持たずに仕事をするとそういう結果になるのよ」とレイチェルはいう。ロサンジェルスに本社を構える彼女の会社、レイチェル・アッシュウェル・シャビーシックは、シンプルなデザインとリメイクアンティーク家具をメインに、「less is more（少ないほど豊か）」というモットーを厳しく貫いている。「クローゼットが乱雑なのにはがまんできない。食器棚が整理整頓されてないのは、心が乱れている証拠」とも。

こうした彼女のスタイルは世界中を魅了した。ブリトニー・スピアーズやパメラ・アンダーソンといった有名人のファンも多い。会社設立から15年、収益は1000万ドルを超え、従業員数125人、今も急成長を続けている。店舗6件、著書5冊、会社提供のTV番組ひとつに加えて、2004年には新たにナイトウェアのラインが加わり、ブルーミングデールをはじめとするデパートや、大型スーパーマーケットのターゲットチェーン（寝具、家具、ラグ他、キッチン、リビング用等製品）にも進出した。

これほど目覚ましい成功を収めながら、レイチェル自身はごく最近まで、パーティで知らない人が近づいてくるたびにドキドキしていた。学校をドロップアウトした16歳の自分に宛てたこの手紙で、彼女はその理由を語っている。「アメリカ人は、イギリス人ていえば、みんなケンブリッジかオックスフォード出で、恐ろしく頭がいいと思うみたい。でも、そんなわけない」。

学校中退後は、イギリスで住み込みの家事手伝いの仕事をした。数ヶ月後に引っ越した公営アパートは、政府援助によって運営されていた建物で、彼女いわく「ディケンズの小説の舞台みたいに、ものすごくうらぶれたところ」だった。低賃金労働者がひしめくアパートにはアルコール依存症の人も多く、住人全員がホールにある共同のバストイレを使い、お湯を出すときはメーターにコインを入れなければならなかった。

それでも、しばらくするとレイチェルは、その暗く陰鬱《いんうつ》で気のめいる場所を、柔らかなクッションやパステルカラーを使って一変させる達人になった。どうすればそんな離れ業ができるかは、彼女の著書『The Shabby Chic Home』に詳しい。この本は、レイチェルお気に入りのマリブの自宅を、品よくおしゃれにリフォームした記録だ。だが、その家は後に売ってしまった。レイチェルは、「部屋に欠かせないもの」を見事に満たすその才能で成功した。その「欠かせないもの」を、詩人マヤ・アンジェロウはこんなふうに表現している。「誰もにとって家は恋しい場所。そこはありのままの自分でいられる安全な隠れ家、誰にも質問されずにすむ場所なのだ」。

†

レイチェル

まだ学校を辞めちゃだめ。あなたは16歳、仕事を見つけて自分の力でやっていきたくてたまらない。前進したい気持ち――いいえ、本当はただどうしても前に進まなきゃいられない性分なのよね。

その性分はこれから先、あなたの役に立つわ。デザインしたり部屋を飾ったりするのが大好きってことと、次々に新しいことを始めずにはいられないすさまじいエネルギーが組み合わさって、いずれあなたは、自分の名前をつけた会社を興す。それが年商1000万ドルを超えるビッグビジネスを生み出すなんていったら、あなたは信じるかしら？

だから、がまんできない質《たち》だってことはあなたの財産よ。でもね、学校も必要なの――本から知識を得ることじゃなくて、もっと広い意味で学ぶという経験をしておくべきだってこと。それがないと苦労するわ。40代の半ばになっても、新しい電気製品のマニュアルを見るとかピープルマガジンを読むとかいうような、べつにどうってことないことをするにも、気が散らないように何度も集中し直さなくちゃならない。

将来、あなたは自分の仕事が気に入るわ。毎日が、まるで大きなキャンディボックスみたいになる。でも、まずは口の中にあるキャンディをちゃんと味わわなくちゃ。あなたときたら、ひとつを口に入れたとたんガリガリと噛《か》みながら、もうまわりの色とりどりのキャンディに目を奪われてしまうんだもの。

確かに、起業家やアーティストには、ふつうの教育課程を経てない人は多い。でも学校に行くことでひとつすごくいいのは、たいていの人が人生でやっているある一定のリズムに従うと、物事がうまくいくことが多いってこと。そういういわゆる人格形成の段階を踏まないと、みんなに追いつくのにとても時間がかかってしまう。

私なんて46歳になってようやく、なんとか追いつけるかもしれないと思いはじめたところよ。私はパーティとか人の集まるところに出ると、今もすごく緊張してしまう。不安になるの。他人を信用していないからよ。これも、ちゃんと人とつながりを持つべき時期に、そのリズムに合わせるのを拒否してしまったから。だからあなたにはちゃんとその段階を経てほしい。私は友情とか自分らしさを育てずにきてしまったけど、あなたにはそういうことを大事にしてほしいの。

今、あなたよりも年上の娘を持つようになってみると、同世代の友達に囲まれて過ごすという経験が、教室で勉強するのと同じくらい大事な教育の一部だってことがよくわかる。娘と友達の間のドラマをずっと見ていると、嫌い合ったかと思うと、すぐまた大親友に戻ったりの繰り返し。

そうやって学校という社会で転んだり擦《す》りむいたりを経験してこないと、人間関係で摩擦が起きたときにお手上げになってしまう。たとえば、人と対立したくないばっかりに、自分の立場をちゃんと主張せずにただ退《ひ》いてしまうという経験を、いやというほどすることになるわ。

それから、その短気で落ち着きのない性格のままだと、将来ものすごく後悔することになってしまう。家を居心地のよい場所にすることを仕事にして、キャリアを築き上げた後で、あなたは生まれて初めて買ったマリブの家を手放してしまうの。みんなが一緒にいられるように、もっと大きなスペースを持たなければって思って。

でも、この家は、家族がたくさんの思い出をつくった場所だってことを、あなたは考えに入れていない。それもこれも、物事をじっくりと考えて、ちゃんとした理由があって決断を下すという知的な習慣がないからよ。

あなたは、これからの人生でいろんなことを学ぶでしょう、そして成功するわ。でも、ちゃんと教えてくれる人がいて、少しトレーニングすれば、もっともっと素晴らしい人生を手にできるはずよ。

今はがまんができるようになったレイチェルより

バーバラ・ボクサー
Barbara Boxer
米・カリフォルニア州上院議員

「他の人のいうことをすぐにはねつけてはいけない」

現在65歳のバーバラ・ボクサーは、株のブローカー、そしてジャーナリストとして短期間働いた後、政治家として発言することこそ自らの使命であると悟ったという。それはまるで、全速力で突っ走るレーシングカーが、突如方向転換したかのようだった。環境問題対策、児童教育、女性の権利問題を得意とする強烈な政治家であるバーバラだが、身長は150センチあるかないかの小柄で、記者会見のときなど踏み台に乗らなければ演壇から顔が見えないこともあるほどだ。ブルックリン生まれの民主党員、最近は共和党の重要法案に批判を突きつけることで知られる。イラク戦争もまっこうから激しく非難した。2004年の大統領選では、上院議員としてオハイオ州の選挙問題に対する異議申し立てをし、アメリカ連邦議会上下両院が、ブッシュ大統領の勝利を承認する前に、この件について討議せざるを得なくなった。コンドリーサ・ライス女史の国務長官指名のときも、猛烈に異議を唱え、TV番組『サタデー・ナイト・ライブ』ではコントのネタにされたほどだ。

しかしカリフォルニア州の人々は、こんなバーバラの言動に恐れおののくどころか、むしろその歯に衣を着せぬ大胆さを慕っているようだ。2004年の3期目の選挙では、上院議員候補としては史上最多の690万票を集め、対立候補のビル・ジョーンズに20パーセントもの大差をつけて圧勝した。インターネットのブログには、バーバラ・ボクサーを大統領候補に、という声がいくつもあるが、本人にはまったくその気はないという。

その堂々たる活躍ぶりを見ると、努力などまるでせずに成功したかのように見えるバーバラ。しかし実は、激しい情熱、明快な議論、強い決意があっても、それだけではだめだということを思い知ったという。初めて公職に立候補した、マリン郡管理委員会の執行官役員選に破れたのだ。「政治の世界に足を踏み入れた当初、私の大間違いのひとつは、他人に対してあまりにも批判的すぎたということね。当時は若くて、どうして人が私と違うものの見方をするのか、それに耳を傾けることすらがまんできなかったのよ」とバーバラはいう。それから4年後の1976年、バーバラは再び出馬し、勝利した。次の手紙は、7歳の息子と5歳の娘の育児をしつつ、初めての選挙準備に追われていた32歳頃の自分に宛てたものだ。

†

バーバラ

あなたって人は情熱の塊ね。質の高い教育、近隣の治安、それから環境問題に熱心に取り組んでいる。あなたがこういうことを心から重要だと感じて、強い想いを持っているのはよくわかってるわ。でもね、あなたの隣にいる人も、あなたと同じくらい情熱を持って、その人なりの信念を貫いているかもしれないことも理解しなくちゃ。そんなに他人を批判するものじゃないわ。他の人のいうことをすぐにはねつけてはいけない。あなたと意見が違うからって、その人が何にもわかってないとか、頭が悪いとかいう結論に飛びついてはだめよ。

政治で一番大事なことは、自分が心からこうだと思っている課題を前に進めること。あなたはまだこの世界に足を踏み入れたばかり、まだ未熟なのだから、他人が自分の考えを理解してくれないことにいらだっても仕方がない。でも、ちょっと立ち止まって自分がいっていることを聞いてごらんなさい。「そんなふうに思うなんて信じられないわ！」「どうしてそんなことが考えられるのかしら？」……。そんなことばかりいっていると、話をする相手から学ぶ可能性を閉ざしてしまうわ。それに、自分を小さくしてしまう。そして結局は、何よりも大事なこと、つまり心から大切に思っている課題を進めるチャンスをなくしてしまうのよ。

それともうひとつ、あなたが心の底では見たくないと思っていることがある。それは、他人を批判するほうが簡単だということ。確かに何でも白か黒かで区別するほうが楽だものね。でも、誰だってあなたと同じように大事な人だし、あなたと同じように語るべき物語を持っているのよ。自分とは違う『ものの見方』に心を開きなさい――そうすれば、選挙に落ちて、その高慢の鼻っ柱をへし折られなくてもすむはずよ。

誰よりも熱烈にあなたを支持しているボクサー上院議員より

スージー・バフェット
Susie Buffett
スーザン・トンプソン・バフェット財団会長

「心の筋肉をゆるめなさい」

52歳のスージー・バフェットは、億万長者のウォーレン・バフェット（バークシャー・ハサウェイ会長で伝説の投資家）の娘であることは「楽だ」という。しかしそれは、誰もが想像するような理由からではない。「そんなに裕福に育ったわけじゃないんです。父も母も、お金持ちの出じゃありませんしね。私が小さい頃はお金なんて全然ありませんでしたから、特別扱いされてきたわけじゃないのよ」。

彼女が幸せなのは、両親との強い絆《きずな》を感じながら育ったからだ。よちよち歩きの頃の彼女は、竜巻のようにエネルギッシュな兄ヒューイからなんとか逃れたいと思っていた。「父が仕事から帰ってくると、やっと救いの神が現れたという感じ。父は毎晩、私が寝つくまで子守唄を歌いながら優しく揺すってくれたものです。父と私の間には、とてもいい形の絆がありました」。

2004年のスージーの誕生日の前日に、母スーザン・トンプソン・バフェットが口腔がんとの闘いを経て卒中で亡くなってからはとくに、そんな父との絆にどれほど癒されたことだろう。

母の死の翌日、スージーのもとに大きな箱が届いた。母からの誕生プレゼントだった。私たちが電話で話したとき、彼女はまだ、それを開けることができずにいた。その年スージーは、ネブラスカ州オマハにある父の会社と同じオフィスビルの同じ階に、自分のオフィスを移した。

バフェット財団の名称を「スーザン・トンプソン・バフェット財団」に変え、その会長に就任した。また、オマハのエデュケーション・ケア・センターを通じて低所得者家庭の子どもたちの幼児教育改善を目標とするスーザン・A・バフェット財団の会長も務めている。

母親は心の温かい人であると同時に、こうと思ったことは何であろうとはっきりと口に出し、しかも断固とした行動力の持ち主だった。一家が財団とそれを支えるだけの自己資本を持つようになるずっと前から、社会悪を目にするたびにそれを正そうとした。スージーが15歳のとき、母は、レイプ容疑で逮捕されたアフリカ系アメリカ人少年の無実を信じ、彼を救うお金をつくるために自宅を抵当に入れるよう父に頼んだ。父ウォーレンもそれに同意した。少年の無実は裁判で立証された。「そんなことをしたらオマハの人々がどう思うか」などということは、母の念頭にはまったくなかった。バフェット家の居間には、こんなポスターが掲げられていた。「長いものに巻かれろという流れには、徹底抗戦せよ」。

こんな強烈なお手本を身近に持ち、しかも明らかに母親似のスージーが、積極的に行動し、ボランティアに引き寄せられたのは当然だ。

スージーは、センチュリー21や「ザ・ニュー・リパブリック」「USニュース・アンド・ワールド・レポート」といった雑誌社で短期間働いた後、夫とともにオマハに移り住んだ。そして地元の多くの団体でボランティアや役員の仕事をしながら、2人の子どもを育ててきた。

たとえば、ガールズ・インク全米評議会の委員を務め、社会奉仕活動団体でもある「子どものための劇場」にも関わっている。また、幼児への予防薬の支給を目的とする「オンス・オブ・プリベンション基金」や、U2のボノが中心となって設立したDATAでも力を尽くしている。DATAは、Debt（債務）、AIDS（エイズ）、Trade（貿易）、Africa（アフリカ）の略で、その名のとおり、アフリカの負債、エイズ、不公平貿易問題に取り組むNGOである。

長年ボノとU2のファンだったスージーと母は、母が亡くなる前の夏、フランスのボノの家を訪れた。病と闘っていた母は、ボノの音楽に深く癒されたという。入院中も回復期もずっと母のそばに寄り添っていたスージーは、「母はよく『All I Want Is You』を聞きながら眠りについていたものです」と回想する。

その母と死別したとき、スージーは悲嘆にくれると同時に、母に対してはかりしれないほどの感謝も感じていた。その気持ちを込めて、17歳の自分に宛てて書かれたのがこの手紙である。

†

スージー
あなたはとっても恵まれてる。たまたま、びっくりするほど素晴らしい両親のもとに生まれてきたあなた。そのことは、自分でもある程度わかっているわね。あなたは両親にがまんできないふつうのティーンエイジャーじゃない。うちはいろんな人がいつだって出入り自由、お父さんは「わが家はYMCA」だっていってるくらいよね。

それでも、両親からの贈り物の本当の大きさにあなたが気づくのは、まだ何年も先のことよ。それでいい。でも、ひとつだけ、そのことの価値に早く気づくように、教えておいてあげたい。あなたにとってはあまりにもふつうすぎて、うっかりあたりまえだと思ってしまわないように。それは、お母さんの無償の愛と受容がどれほど大きいかってこと。あなたのお母さんだったら、あの残忍な人殺しのカルト教祖、チャールズ・マンソンにさえ、どこかしらいいところを見つけるでしょう。

彼女の心の広さは、ひとりでにできあがったわけじゃないのよ。それは、心の底から人に共感できる才能のおかげ。お母さんは、この点では本当に天才といっていい。もしかしたら、子どもの頃、リュウマチ熱にかかったせいかもしれない。自分自身と向き合わざるを得ない時間が長かったお母さんは、ふつうの健康な子どもなら気づかないようなことをじっくり考えたのかもしれない。理由はどうあれ、お母さんの型破りな行動の裏にあるのは、人の気持ちを深く思いやる才能なの。

あなたたちきょうだいを車に乗せて、オマハの低所得者層用公営住宅に通ってたときのことを覚えてる？　よく警察に呼び止められてたわね。「あんなところに出入りする白人女性なんてあなたくらいのものですよ、そのうち誘拐されますよ」って。でもあなたのお母さんは、そんな言葉には耳も貸さなかった。

それから、お母さんがあなたの友達にどんなふうに接していたかも思い出して。セックスや避妊薬をどうやって手に入れるかなんてことを、ティーンエイジャーと喜んで話し合ってくれる母親なんて他にいる？

1960年代は、後に黒人やセックスや他のいろんなことに対するこの国の考え方が根底から揺り動かされた時代として記憶される。でもあなたが生きている今は、まだそんなことは全然起きていない。他人の抱える問題に深く共感する才能があるからこそ、お母さんはうんと時代に先んじている。共感することによって、お母さんは人に対してとびきりの心の広さを持つと同時に、型破りの行動をしても平気でいられるのよ。

だからね、スージー、あなたも心の筋肉をゆるめなさい。

気持ちを大きく持てば持つほど、お母さんのように人に共感する才能を伸ばすことができる。あなたがそうなること、それが、いつかお母さんが逝ってしまった後も、お母さんを讃え、いつまでも忘れずにいる何よりの方法になる。

人に共感するといっても、お母さんと同じ道を進む必要はないのよ。お母さん似のあなたは、そうしたくなってしまうかもしれないけど。大事なのは、共感することが、あなたの進むべき道を示してくれるコンパスにもなるってことよ。

愛を込めて。スージー

ロズ・チャスト
Roz Chast
マンガ家

「子どもでいるより、大人のほうがいい」

ロズ・チャストのマンガの世界の女性は、サッカー少年の母親業をようやく卒業できると浮かれて踊ったり、「歯を磨け」とか「その汚いシャツを脱げ」とかいうスイッチのついたリモコンを想像しては悦に入ったり、ジュースの代わりに子どもたちにオレンジソーダを飲ませて「ママ失格」カードを突きつけられる。

冴えない、要領の悪い家族がいっぱい登場するロズのマンガは、私たちの密かな妄想や、誰にもいえない心配事にスポットライトを当てる。

ロズ自身、ティーンエイジャーのイアンとニーナの母でもある。夫はユーモア作家のビル・フランゼン。一家はコネチカット州に住んでいる。1978年に雑誌

「ザ・ニューヨーカー」に連載を始めてから、何千作ものマンガを、主として同誌に発表してきた。全集もすでに「THE PARTY, AFTER YOU LEFT（あなたが帰った後のパーティ）Collected Cartoons 1995-2003」と「CHILDPROOF（子ども安全装置付き）Cartoons」の2冊を発表。

いつもおろおろしているロズのキャラクターたちは、もうじきTVにも登場する。『シンプソンズ』のバート・シンプソンや『ファミリー・ガイ』の仲間入りをするのだ。2004年11月、ABCファミリー・テレビジョン・ネットワークで家族向けコメディの短いパイロット版制作の契約にサインしたからだ。

人に見られたくない瞬間や、日常に転がっているノイローゼ的行動をめざとく見つけ出すロズの才能は、子どもの頃、高校の教師と教頭だった両親とブルックリンで暮らし、自分は病気ではないかと始終悩んでいた経験からきている。

「両親も心配性でした。もうそっくりなんですよね。心配性の豆同士がくっつき合って、くよくよしながら一緒に心配性のさやに入ってるようなもの」とロズはいう。

母親は、何千という病気の種類と症状を解説した『メルク・マニュアル』という青い本をしょっちゅう引いていた。感受性の強かった幼いロズも、この本をあちこち拾い読みして、いやというほど不安の種を見つけた。ロズの手紙は、9歳の自分に向けたものである。

ロズ

あんたはハンセン氏病にかかったりしない。絶対に。

破傷風にもね。

絶対大丈夫。どうしてわかるかって聞かないで。ただ私にはわかってるの。

ベッドの中で突然舌がいつもの8倍も腫《は》れ上がったような気がしたり、アゴが固まって動かなくなってないか確かめたり、ものを飲み込めなくなってないかどうか確かめようと何度もツバを飲み込んだり——そういうのはもう終わり。あんたはぜったい、ぜーったいに病気になったりしない！

私は、子どもは夢のような世界にいる、なんて思ってないよ。世の中のわなや危険に、あんたがどれだけ悩んでるかよく知ってるつもり。あんたは、ヘレン・ケラーが壁に手を当てて漏電火事を発見したのを知ってからというもの、

暇さえあれば壁の裏側にある電線の心配ばっかりしてるよね。少女探偵トリクシー・ベルデンが兄さんの足から蛇の毒液を吸い出した話を読んだとたん、安心できるブルックリンの家からどうしてもでかけなきゃならないときには、まわりに毒蛇がいないか用心の上に用心を重ねてるし。

だけど、そんなに心配しなくても大丈夫。それから、ついでにいっとく。子どもでいるより、大人のほうがいいもんだよ。これからあんたは元気に、すくすくと大きくなる。そして大人になったとき、今感じている不安や心配のすべてが、あんたの仕事の素晴らしい材料になるんだよ。

すべてお見通しの誰かより

ブリーナ・クラーク
Breena Clarke
小説家

「殻を破って、もっといろんなことを試してごらん」

単純なことだが、水泳はブリーナ・クラークの人生において大きな役割を果たしている。彼女の小説『River, Cross My Heart（川よ、わが心を渡れ）』で、12歳の主人公ジョニー・メイは、姉の死の悲しみを乗り越えようとポトマック川を泳いで渡る。それはまた、黒人の子どもが泳ぐことを禁じられていた新しいコミュニティ・プールで泳ぐ権利を勝ち取るためでもあった。

主人公ジョニー・メイのヒントになったのは、ブリーナの母親だった。母は子どもの頃、泳ぐのが大好きだったのに、かんかん照りの陽射しにさらされながら近所のプールを外から眺めることしか許されていなかった。50年も60年も経った後でも、この不公平に対して母がどれほど激しい憤りを感じているかを知ったブリーナは、そのエピソードをもとにジョニー・メイの物語を紡ぎ出したのだ。

1999年、この本はオプラ・ウィンフリー・ブッククラブ・セレクションに選ばれた。しかし当時ブリーナ自身はまだ泳げなかったのだ。彼女の想像力のすごさがわかろうというものだ。ついに彼女が泳げるようになったのは、40代も後半になってからだ。そしてそのおかげで彼女の人生も変わった。「私の体は強いってことに気づいたんです。自転車を買ったわ。本当は今までだってこんなふうにいろんなことを楽しめてたはずだったのよ」。

ブリーナの両親は、ちゃんとした中流家庭で育つ有色人種の女の子に大切なのは、容姿、行儀作法、そして教育だと考えていた。この考え方に基づいて日々実践されたのが、縮れた髪の毛をまっすぐに矯正するという儀式で、それはブリーナと妹のシェリルにとっては拷問に等しかったが、彼女が大学に入って家を出るまで続いた。「髪の毛をまっすぐにすることは、人種的な先入観との戦いだったんですね。私たちが髪の毛を自然のままにしておくのはよくないということを、いやというほど叩き込まれました」とブリーナはいう。

しかしブリーナがウェブスター大学に入った1969年頃、キャンパスには反戦とブラックパワーイデオロギーの嵐が吹き荒れていた。母のもとを離れて大学に入ったブリーナは、そうした影響を全身に受け、生まれて初めてアフロヘアにした。正面切っての革命宣言だった。

若かったその頃の自分に向けて、彼女はこう綴った。

†

ねえブリーナ

あなたの髪は政治や戦争とは何の関係もないのよ。そんな髪にしたからって、アンジェラ・デイヴィスやソニア・サンチェスやダイアナ・サンズになれるわけじゃない。アフロはただのヘアスタイルなの。あなたと同じ間違いを犯してる人はたくさんいる——髪をアフロにして、アフリカのダシキシャツを着ることが、人生を賭けた問題だと思ってる。あなたは頭は悪くないのに、ヘアスタイルが単にヘアスタイルにすぎないってことがどうしてわからないのかしら。わざわざこんなことをいうのは、今あなたがあらゆる面で、自分のまわりに目に見えない壁をつくっているからよ。

あなたは「自分はこうなんだ」とがんこに思い込んで、結局自分を狭い枠の中に閉じ込めている。アフロヘアにしたのも宣戦布告、もう後には引かないぞっていってるつもりなんでしょ。でも、あなたの髪は死ぬまでチリチリなの。あなたはその枠を越えることができない。頭ではちゃんとわかってるはずよ。

まだあるわ。あなたは、スポーツウーマンかシェイクスピアにかじりつく文学少女か、どっちかを選ばなきゃならないと思い込んで、体育の授業をできるだけ休んでる。そうやって自分の決めた枠から出られなくなっている。

ブリーナ、あなたは自分をだましてるのよ。自分には、いつもじっと座ってるのがいいと思い込もうとしてる。そんなふうだから、自分にどんなに体力があって、どんなに自由に体を動かせるかもわかっていない。49歳になって初めて体を動かす楽しさを知るなんて、そんなに待たなきゃならないなんて、ひどいじゃないの。

それに、歌さえ歌おうとしないのはなぜ？　内心では、心の叫びを歌に乗せて送り出したいとずっと願ってるくせに。あなたの心の奥の深い深いところには、きっと素晴らしい歌い手がひそんでる、実際そう思ってくれる人もいるのに、そんなことあるもんかなんて思ってる。

でも本当は、自分を殻に閉じ込めて、自分の声がどんなふうなのか見つけるチャンスを与えていないだけなのよ。

ねえブリーナ、殻を破ってもっといろんなことを試してごらん。泳ぎを覚えたからといって、シェイクスピアを読むじゃまにはならない。自分がどんな声か知ったからといって、小説が書けなくなるわけじゃない。料理をするなら、ありったけのコンロを使わなくちゃ。

愛を込めて。ブリーナより

アン・カリー
Ann Curry
『トゥディ』ニュースアンカー

「本当の自分を堂々と示すべきときなのよ」

NBCテレビのニュース『トゥディ』でキャスターを務めるアン・カリーを見てもわからないかもしれないが、人と話すときの彼女は、まるで体ごと相手に預けるかのようだ。その長い手足を椅子に落ち着けると、相手のほうに身を乗り出し、あらゆる神経をとぎすませて深く耳を傾ける。ニュースアンカーとして、日々、戦争、洪水、飢餓について伝えてきたなめらかな落ち着いた声は、たとえうちとけたおしゃべりでも、人を惹きつけずにはおかない磁力を帯びている。

「ああなんという安らぎ、誰かとともにいて心からくつろぐことの言葉に尽くせぬ安らぎ。何を慮《おもんぱか》ることも、言葉を選ぶこともなく、玉石を問わずただ思いのたけをすべて打ち明ければ、心ある手がちりあくたをふるいにかけ、残すべきもののみ残し、そうして優しさの一息で、後のすべてを吹き払ってくれるのだ」。ジョージ・エリオットにこんな詩のインスピレーションを与えたのは、きっとアンのような人だったに違いない。

現在47歳のアンが、こんなにも温かく、常に人を受け入れる雰囲気を漂わせているのは、過去の経験に一因があるのだろう。それは彼女が22歳の自分に宛てて書いた手紙にあるように、「自分のいるべき場所がわからない」という思いだった。

さまざまな人種が混ざり合っているのが当然の今では、彼女の美しい面立ちは、単に少しエキゾチックな感じがするというだけだ。だが、子どもの頃の彼女は、混血である自分の外見が、まわりの人とまったく違うと感じずにはいられなかった。

「生まれてこの方、このルックスのおかげで、いつも変わってると思われてきたんです。息子が生まれたときも、みんなにベビーシッターだと思われたんです。息子はブロンドで青い目だから。ほんの2ヶ月前も、娘の学校で、ベビーシッターさんですかって聞かれたし。ほんとよ」

KCBSロサンジェルスのレポーターとしてエミー賞を二度、ゴールデン・マイク賞を四度受賞したアンは、オレゴン大学ジャーナリズム学科に学んだ。卒業は1978年。彼女の父ボブ・カリーも、この年大学を卒業した。一家で大学を卒業したのは、この2人が初めてだった。

「ずっと父が一番の親友でした。いつも、君には何だってできるといってくれました。問題や不安を抱えながら、いろんなことをなんとか解決しようと苦しみ、あがいていたあの年頃の私を、熱烈に信じてくれる人がいたんです」

†

こんにちは、アン

人口5万人の町オレゴン州メッドフォードにある、男性ばかり6人のニュース編集室。この最初の職場で、なんとかやっていこうとしてるあなたを、今私は見つめています。毎日、煙草のけむりが充満した要塞に足を踏み入れるたびに、今日こそがここでの最後の仕事になるんじゃないか、と思っているあなた。

中年の同僚の二倍の記事を書いていても、今にも失敗するんじゃないかと気が気じゃない。同僚のひとりには、面と向かって「そもそも何がニュースかってことが君にはわかってない――それに、カメラすらかつげないじゃないか」とまでいわれたわね。

そのときあなたは、ますます猛烈に決意を固めた。「何いってんのよ。ようし今に見てらっしゃい。やってやる」って。後からこの世界に入ってくる女性の扉を開くのも閉ざすのも自分の仕事ぶり次第と知ってからは、さらに勢いづいたわね。

でも、そんな強がりの陰には深い不安があるのを私は知っている。半分日本人の血を引いて、白人だらけのオレゴン州アッシュランドで育った子ども時代、あなたはいつもまわりになじめないアウトサイダーだった。そして今、あなたは思っている。この社会で成功するためには、自分は根底から変わらなきゃならないんじゃないか、自分が本当はどんな人間か、誰にもわかってもらえないんじゃないか、これからもずっと誤解されつづけるんじゃないか。不安だらけで、心がふさいでしまう。

ねえアン、でも皮肉なのは、あなたは生まれてこのかたずっと、簡単にレッテルを貼られることと戦ってきたということ。そして今、「あなたって何？ヒスパニック系？ アジア系？」と質問されつづけてきた女の子が、ルックスがものすごく大きな意味を持つ業界に泳ぎ出そうとしてるんですものね。ぼろぼろのフランネルのスカートやジーンズで満足してた女の子が、眉毛の抜き方とか、お化粧の仕方とか、スーツの着こなし方を覚えなきゃならない。あなたは今、人があなたに期待するようなルックスになろうと努力している……。でもそれは、本当はぞっとすることなのよね。

思い出して。あなたはこれまで人に期待されるような自分になろうとしたことなんか一度もなかったはずよ。あなたが5年生のとき、なんとかあなたにかわいい人気者になってほしいと思った日本移民のお母さんが、スカートのすそをミニにまつって、流行のゴーゴーブーツを買ってくれたことがあったわね。あなたは、そのミニスカートをはいて学校に行ってはみたものの、本心では、かわいらしいとかみんなになじむなんてどうでもいいと思ってた。だからスカートのすそをむしり取って捨てちゃった。あなたは見た目ではなく、頭で認められたかったんだもの。

一匹狼でも平気だった。ものすごく強情だったけど、決して人の批判はしなかった。人がどんな考えを持っていようと、もしその人が心の底からそう信じているのならかまわないと思っていたわよね。あなたは、人を批判することを拒絶していた。

でも、実社会に出てみると、世間の人たちはあなたを見かけで判断することに何のためらいも感じなかった。だからあなたは急速に変わろうとしている。腰に届くほど長かった髪を切り、パーマをかけ、ふんわりしたボウタイを着けて局へと急ぐ。汚い言葉まで使うようになったわね。「やだくだらない!」とか「うそー!?」なんてヤワな台詞じゃない。編集室に女がいるからといっておじさま方が不安にならないように、正真正銘のやくざな言葉を吐き散らしている。これじゃ自分で自分のことがわからなくなっても当然よね。

今のあなたはまず、人と違うのは素晴らしいってことを理解しなくちゃ。そして、あなたを他の誰とも違う人間にしてくれているすべてに、心から感謝するのよ。

世の中で成功するには、ルックスがどうかとか、どんなグループに属してるかなんてことは、結局は関係ないの。あなたは新しい分野を切り拓ける。徹底的に型破りなことができるはず。もし本当の愛と善意に満ちた行動なら、どんなに奇妙に思えたとしても、きっと喜んで受け入れてもらえるはずよ。

自分をしっかりと信じれば、ダメージは少なくなる。貴重な時間をむだにしないで、もっと大事なことに使うのよ。

私は47歳になった今、自分が遅咲きだったと思うことがあるわ。あんなに悩んだりしなければ、もっと早く、もっとたくさんのことができたのに、って。母を亡くし、兄を亡くし、報道記者としていろんな苦しみを取材してきた今の私には、むだにする時間なんてないということがよくわかる。

アン、本当の自分を堂々と示すべきときなのよ。

愛を込めて。アン

キャロリン・ディーヴァー
Carolyn Deaver
乳がんからの生還者

「自分の感情が求めているものを無視しないで」

67歳のキャロリン・ディーヴァーは、50歳でがんを宣告されたその瞬間、「足場が崩れ、ありとあらゆることから切り離されたみたいだった。空中に投げ出されたような感じ」だったという。

それまで頼りにしていたバロメーターはすべて役に立たなくなった。間違いなく自分の体でありながら、突然見知らぬ誰かに乗っとられてしまったかのようだった。

それは1989年のことだった。当時、夫のマイクは、レーガン大統領の首席補佐官代理を務めていた。キャロリン自身は、国立小児医療センターの基金調達チームでリーダー職を引き受けたばかりだった。告知はまさに寝耳に水。動転したキャロリンは、誰か自分の代わりの人を探してほしいと、新しい上司に頼むつもりだった。しかしソーシャルワーカーのアドバイスで、幸いにも着任を1ヶ月遅らせてもらうことができた。業務内容も見直した。金曜を休みにしたのだ。この日に化学療法を行い、週末は休養して体力を回復させる時間がとれるようになった。これは、数少ない役に立つアドバイスのひとつだった。

もうひとつ、偶然出会ったLGFB（Look Good Feel Better=美しく、より快適に）というサポート組織も助けになった。当時はまだ試験的だったが、化学療法や放射線療法の副作用によって外見にダメージを受けた女性に対して、美容面でのアドバイスを提供していた。

「がんになったときは、その箇所をなるべく見ないようにするのもひとつの方法なのよ。人に哀れまれたり同情されすぎたりする中で、ものごとを肯定的に考えて、自信を持って人前に出るには、そこをなるべく見ないようにするしかないの」と彼女はいう。

ティーンエイジャーの子どもがいることで、また別の問題が起きた。化学療法のせいで髪の毛が抜けてしまったキャロリンは、仕事や外での行事にはウィッグをつけ、帰宅すると、それを脱ぐのが習慣になっていた。ところが息子のブレアが、家にいるときもウィッグをつけてほしいといいだしたのだ。「そしたら、姉のアマンダが、弟をひどくしかったんですよ。あんたはそれで気が晴れるかもしれないけど、ちょっとでもママの気持ちを考えたことがあるのって」。

乳がんを経験したことで、キャロリンは、LGFBに資金を提供しているワシントンDCの化粧品・トイレタリー・香水協会（CTFA）の部長に就任し、LGFBを率いることになった。

ここ12年で、LGFBは全米40万人の女性に救いの手を差しのべてきた。この組織で15年間仕事をしてきたキャロリンは、男性やティーンエイジャーにもサービス枠を拡げ、さらに世界14ヶ国に活動拠点を増やした。

だが最近になって、今度は子宮がんが見つかり、子宮摘出手術を受けたキャロリンは、旅行やハイキングを楽しみ、慈善団体でも活動したいと思うようになり、LGFBを引退した。

最初のがんで、キャロリンは人生に対する考え方を変えた。身にしみて覚えたのは、「自分を大事にすること。自分を思いっきり甘やかすこと。何よりも自分を優先すること」だった。「これはやってみると意外にむずかしいんですよ、とくに子どもがいる場合はね。私もすぐには変われませんでした」。

乳腺切除と化学療法を受ける前の自分に宛てたこの手紙で、キャロリンは、告知を受けた直後の自分に対して、考え方を変える秘訣を示している。

†

キャロリン

診断結果で乳がんを告知されて、今は目の前が真っ暗ね。隣の人に「お気持ち、よくわかります」なんていわれると、叫びだしたくなるのもわかる。あなたの夫でさえ、同じことをいって、あなたにこてんぱんにされちゃったものね。あなたの感じてる怒りが、他の人にわかるはずがない。なぜ私が？　あんなに健康に気をつけてきたのに。

慰めのつもりだとわかっていても「がんになったのはストレスのせいよ」という友達にどれほど腹が立ったか。誰だって、できるだけストレスを減らしたいに決まってる。でも、世捨て人みたいに世間から隠れて、いさかいや気苦労を完全に閉め出すわけにはいかないじゃないの。

でも、覚えておいて。どんな怒りでも、怒ると状況は悪くなるだけよ。怒ればば怒るだけ、がんであるという事実や治療の現実に向き合う力を弱めてしまう。それに、怒ると治癒力も弱まってしまうのだから。とにかくよくなること、何よりもそこに力を注がなくちゃね。

簡単なことじゃないわ、もうすでに、すごくストレスの多い状況にあるんですもの。夫は依存症と戦っているし、15歳の息子と20歳の娘からも目が離せない。あなた自身も、新しい仕事を始める予定だったのに、もう無理だと思っている。

ねえ、まずはお願いだからサポートグループに入って。そんなグループに入ったら、仲間の誰かが死んでしまうかもしれない、それがどんなに怖くても。そうでなければ、がんに詳しいセラピストを探しなさい。がんだけを取り除く腫瘍摘出手術か、乳房全部を取ってしまう乳腺切除かを決めるまでに、まだ1ヶ月もあるわ。がんについての医学情報をやっきになって調べるのも大事だけど、同時に自分の感情が求めているものも無視しないで。あなたはときどき、自分が何を思い、何を怖がっているのか、どんなことを思いつくかを、じっくり考えないことがあるから。

　それから、一番大事なのは、「なぜ私が?」なんて被害者意識にさいなまれないこと。自分はがんから生還したんだと思うこと——毎分、毎日、毎年、そう思うのよ。

　いいすぎじゃない、本当にそうなのよ。あなたはあなた自身の英雄なのだから。

いい人生を生きてね……。キャロリン

オリンピア・デュカキス
Olympia Dukakis
女優

「楽しみ方を覚えなくちゃ」

オリンピア・デュカキスの全身からは、誠実な人柄がにじみ出している――女優について語るのに、そうそう思い浮かぶ資質ではない。気骨にあふれる彼女の性格は、幼いうちから両親に期待された役割に抵抗する中で築き上げられたものだ。

ギリシャ移民だった両親は、娘には素直で従順であるよう求めた。ところが、がんこで強情なオリンピアは「よきギリシャ娘」というレッテルに猛反発し、何年も母親といさかいを続けた。

彼女が育ったマサチューセッツ州ロウウェルは、暴力沙汰が絶えない危険な街だった。オリンピアも、アイルランド系、フランス系、シリア系、アルメニア系の子どもたちと日々いがみ合い、人種的偏見と戦った。11歳の頃にはすでにナイフを持ち歩いていたという。

そんな彼女が自著『ASK ME AGAIN TOMORROW──A Life in Progress（明日また聞いて──進みつづける人生）』に書いた人生の目標は「他の誰かが決めた役割を演じるのではなく、自分がこうと決めた自分になること。物心ついてからずっとそのために戦ってきた。最初は両親と、次は学校で、後には女優、妻、母として」。72歳になった今も、この探求の旅は続いているが、そのおかげで安心してくつろげる居場所をなくしてしまった。

「私って人間が誰か、私にはよくわかってる」。これは、映画『月の輝く夜に』でオリンピアが演じた、毅然たるイタリアの肝っ玉母さん、ローズ・カストリーニが歌うようにいう台詞だ。この映画で彼女は、アカデミー賞助演女優賞、ニューヨーク映画批評家協会賞、ロサンジェルス映画批評家協会賞、ゴールデングローブ賞に輝いた。

だが、オリンピア自身はこれほど自分に確信は持てないという。むしろ「たぶん、何にも属さない喜びってものがあるんじゃないかしら」という、マーティン・シャーマン作の一人芝居『ローズ』の台詞のほうが、深く心に響く。

電話で話をしてくれたオリンピアは、しわがれ声で笑いながら、歳をとったら心安らかに暮らせるだろうと期待する人が多いけれど、人生も70年目に突入した自分には、まだそんなものは訪れていないと告白した。「昔は、歳をとれば私だっておだやかになると思ってたわ。年寄りがみんなそういってたから。でも、私の場合はそうじゃなかったわね。振り返ってみると、後悔することばっかり」。

40代後半の自分に宛てたこの手紙で、オリンピアはそうした後悔のいくつかにふれている。

1977年、夫のルイ・ゾーリッチがひどい自動車事故にあい、腰骨を脱臼と骨折、さらに膝も粉々に砕かれてしまった。3ヶ月間の入院の後、何年も苦しい理学療法に耐え、腰と膝の骨を人工骨に換える置換手術を受けた。

ベッドに固定されたままの夫が、当時ニュージャージー州モントクレアにあったジョージ王朝風コロニアルスタイルの自宅一階ダイニングに帰ってきた夜、オリンピアはキッチンのテーブルに突っ伏して泣いた。医者には、おそらく一生ステッキか松葉杖なしでは歩けないだろうといわれた。

夫妻にはクリスティーナ、ピーター、ステファンという、13歳以下の3人の子どもたちがいた。ときどきルルベルと呼ぶこともあった夫のルイが働けなくなった今、一家の稼ぎはオリンピアひとりの肩にかかっていた。その頃彼女は、ホール・シアターという劇団の運営に情熱的に打ち込んでいたが、収益はさっぱりだったので、ひとまず脇へ追いやり、もっと実入りのいい仕事をせざるを得なかった。

「あの頃は全速力で走りつづけてたわ」と彼女は回想する。

†

オリーへ

今回はたいへんなことになったものね。

毎日のようにお金の心配で目を覚ます。キッチンは、壁中グラフや予定表でいっぱい。まるで戦場の作戦司令室。でもそうでもしなきゃ、劇場と、マンハッタンでのお金になる仕事、それから子どもたちの課外活動、いつ何時変わるかわからないスケジュールをやりくりすることなんか不可能。予定表にほんのわずかの空き時間、つまりあなたの自由時間を見つけても、子どもたちの試合

を観に行くのに使わなくちゃならない。学校は、あなたの支援がどれほど大事かをいいつのった手紙を、これでもかと山のように送りつけてくる。あなたたち一家の今の生活は、びっしりの予定表と子どもたちの自転車、それにルイのきょうだいの助けでなんとか予定の時間に間に合っているという具合。

でも、気持ちの面はお留守ね――あなた自身についても、子どもたちについても。あなたは生きていくのに必死で、一番大事な問題に目をつぶってる。それは、子どもたちは父親を失ったも同然ってことよ。

ルイは文字どおり自分の体を立て直すので精一杯。そのことを子どもたちに話さなくちゃ。そしてそれによってあなたたち全員がどうなるのかについても。それから、子どもたちは、ある意味ではあなたも失ってしまったということも理解しなくちゃね。あなたは忙しすぎて、ほとんど家にいないでしょう？　決して大げさじゃなく、子どもたちは家庭が崩壊しつつあるように感じてるのよ。

あなたが今やってることを見直さないかぎり、このツケは将来子どもたちにまわってくるのよ。そのときになって、夜中に目を覚まして、ああしておけばよかった、こうしておけばよかったと悔やむことになる。

私だってこんなことをいいたくはない。だってあなたは脇目もふらず働いて、一心不乱に努力してるんだから。でもね、楽しみ方も覚えなくちゃ——ひたすら必死に耐え抜くだけじゃなくて。

そんなことできるわけないじゃないって思ってるでしょ？　こんなにたいへんなときに、どうやって楽しめっていうのよ？　って。

そうね、ひとつには、強く生きなきゃいけないからといって、自分が楽しんじゃいけないわけじゃない、それに気づくことよ。稼がなきゃならないのは確かだけど、だからって誰にも負けずにあくせくする必要はないの。あなたったら、自分の楽しみを後まわしにすることにかけちゃ天才的。

ねえオリンピア、きちんと子どもたちを育てながら、同時にそれを楽しむことも覚えなさい。そして今何が起きてるかを子どもたちに話すのよ。でもそれよりもっと大事なのは、子どもたちの話に耳を傾けること。

ストレスを減らすには、この世での生き方について違った考え方をしてみるのもいいわ。成功への階段なんてものはない。人生はめぐりめぐるサイクルなの。闇に閉ざされるときもあれば、光あふれるときもある。人生のエネルギーは、ボルネオの熱帯雨林みたいなもの。生き、育ち、死んで、森の土の上に落ち、朽《く》ちて、そしてまた生まれる。

昔、あなたのママがいったこと覚えてる？「誰にだって階段から蹴落とされるときがある」。今がそういうときなのよ。

変化を受け入れて、どんなにたいへんなことも、いつかは過ぎ去るわ。でも、暗い時期をなかったことにしたり、否定したりしてはいけない。そこを生き抜かなくちゃ。ズルはできないの。

今だって、何か楽しみなことが必ずあるはずよ。

たとえばお誕生日とか。あなたもルイも、記念日のお祝いをほとんどしなかったわねえ。すっかり忘れてることもあったし。でも、それも変わるわ。意識的に楽しい瞬間を味わうことで、心が広くなるってことを実感できるはずよ。

あなたたちの40回目の結婚記念日には、ニューヨークの街を見下ろすロフトで大パーティを開くことになるわ。50人もの人たちがグラスを上げてお祝いしてくれるのよ。そのうち、毎夏ごとに違うビーチに大邸宅を借りて、家族みんなを呼び寄せるようにもなるわ。

「そしていつまでも幸せに暮らしましたとさ」なんておとぎ話じゃないのよ——暗闇と光のサイクルは続くでしょう。でも、辛抱なさい。あなたの一番大事な闘いは、悪戦苦闘の末に大勝利を収めるのだから。

信念を持って耐えるのよ。

オリンピア

アイリーン・フィッシャー
Eileen Fisher
服飾デザイナー／起業家

「ひとりで生きることを怖がらなくていいのよ」

アイリーン・フィッシャーの控えめでエレガントな装いを見れば、本質的でないものを削ぎ落とす彼女の素晴らしい才能は一目瞭然だ。現在55歳、アメリカで女性オーナーが経営する最大級の株式非公開企業のひとつを率いる彼女の手にかかると、シンプルさがそのまま都会的で洗練された装いになり、飾り気のなさこそがリッチなアクセサリーになる。

会社の拠点のあるニューヨーク州アーヴィントンの自宅を訪ねたとき、玄関先まで私を出迎えてくれたアイリーンは、官能を秘めた清らかさそのものだった。髪はまったく染めていない。その微妙な白髪のグラデーションは、目を見張るばかりに美しい。彼女に倣《なら》って、もう白髪染めはやめようと決意してしまうほどだ。ヨガの上級者らしいおだやかな身のこなしは、体を動かすことの喜びにあふれている。大手アパレル企業の経営者でありながら、流行には目もくれず、自分の価値観を強力に打ち出す。それが彼女のデザインする服だ。

そんなアイリーンも10代の頃は、おでかけともなると5人の姉妹と争うように鏡の前に立ち、やっきになってオシャレしたものだ。それを見て、母親はよくこんな小言をいった。「あんたたちのことなんか誰も見てやしませんよ」。今のアイリーンは、少しも着飾ったりしない。それでも、誰もが彼女を見る。

社員を何よりも大事にする彼女の経営スタイルは、「フォーチュン・スモール・ビジネス」「ワーキング・ウーマン」といった雑誌や、働きがいのある職場についての専門調査コンサルティング会社グレート・プレイス・トゥ・ワーク・インスティテュートでも絶賛されている。アイリーンは、税引後利益の10パーセント以上を、600人の全社員とわかち合い、ひとり当たり2000ドルをかけて社員の教育と健康の向上に努めている。ヨガ、太極拳、ダンスクラス、ストレス解消のためのクラスも無料で開講している。

2005年には1億9500万ドルを売り上げたアイリーン・フィッシャー社はまた、企業の社会的責任にも他に先がけて心を配ってきた。海外で縫製を行う工場労働者の労働環境にも細やかに配慮する。彼女の会社は、ニューヨーク市の非営利監視団体ソーシャル・アカウンタビリティ・インターナショナルが定めた職場環境基準を満たす、数少ない米国企業のひとつなのだ。

話をするうちに、アイリーンは黒々とした美しい文字で埋め尽くされた日記を見せてくれた。ときには考え込んだり、ときには脇道にそれたり、何かの引用や瞑想、スケッチも描かれている。探求者である彼女は、日記をつけたり、瞑想やヨガを行うことで、内なる平穏を得やすくなるのに気づいた。

この手紙は20代初めの頃の自分に宛てたものだが、その頃はまだそんな方法があることも知らなかった。当時はグラフィックデザイナーの手伝いをしていて、気づけば彼が恋人になっていた。

ニューヨークのソーホーにある暗いロフトで、彼と暮らしていたその頃のアイリーンは、狭苦しい袋小路に閉じ込められて、どこにも出口がないような気持ちで過ごしていた。「あんなに途方にくれたことはありません。何もかもが本当にどうしようもなくて。いつも落ち込んでいました」と、当時を振り返って彼女はいう。
ひとり、またひとりと、友達は離れていった。彼がアイリーンの友達を嫌ったからだ。両親の反対を押し切って始まったこの暮らし。だから今さら実家に頼るわけにもいかなかった。何より、故郷のシカゴからニューヨークに出るという長年の夢を果たした彼女には、意地があった。それまで常にみんなに思われていたような、「人に頼らない強い自分」以外の姿を、誰にも見られたくなかったのだ。

†

アイリーン
私には、キッチンにいるあなたが見える。そこは、薄暗いロフトでたったひとつの確かな場所。あなたがそこにいるのは、他の誰とも違うひとりの人間としての自分の居場所がほしいから。
自分の存在を否定され、消し去られたような気がしているあなた。だからほんの片隅でもいい、「自分の場所」といえるところがほしいのでしょう。
でも、あなたにはまだ気づいていない。あなたが本当に求めているのは、物

理的な場所じゃなくて、心のよりどころだということに。ひとりでも大丈夫だということ――ひとりにならなければいけないこと――あなたは、それを学ばなければいけない。でも、それを恐れている。

どうしてそんなに怖いの？　恋人はいなければいけないものだと思っているのね。恋人がいないと、自分には何かが欠けている気がするんでしょ。恋人がいて、ようやく一人前だという気がする。でもねアイリーン、それは罠なのよ。

あれから30年近く経った今、私にはわかる。あなたに必要なのは、友達や彼氏と一緒にいる時間じゃない。自分自身と過ごす時間なの。自分がどんなふうに考え、どんなふうに感じるか、それを知るために。

ひとりきりで座っていると、自分の本当の考え、本当の気持ちが、わーっと声を上げて迫ってくる。あなたはもう、自分の考え方や感じ方を無視できなくなる。その声から逃れるには、その真っただ中に飛び込んで、そこをくぐり抜けてむこう岸へいくしかない。

途中にはつらいこともあるでしょうけど、むこう岸には必ずいいことが待っているわ。だから、ひとりで生きることを怖がらなくていいのよ。

もし、このとてつもなく大きくて大事な知恵を学ばなければ、あなたはどうなってしまうかしら。それを考えると悲しくなる。きっと、どんどんあなたらしさをなくしていってしまうでしょうね。

あなた、自分がどんなにダンスが好きだったか覚えてる？　ほんの小さな頃から、あなたはただ楽しくて踊っていたわよね。大学時代には、ボーイフレンドと踊りにも行ったし、寮で友達と思いっきり踊り明かしたりもした。そんな楽しみをあなたはなくしてしまう。これから20年もの間、ぜんぜん踊らなくなってしまうんだもの――でも、自分の内から聞こえる声に耳をすまし、自分らしさのかけらを大切にして、未来に向かっていくの。そうすれば、すべては必ず変えられる。自分の声を聞くには、瞑想をするのが一番。

私には、瞑想を始めるときにいつも口ずさむ詩があるの。あなたにそれをプレゼントするわね。


静寂こそ生命の礎《いしずえ》、すべてはそこから生まれる。

静寂、それは息をすること、考えること、行うこと、
そのひとつひとつの内にあり、背後にある。
そこが私の出発点、安らげる場所、いついかなるときにも帰れる家。
静寂の中では、時間も場所もなくなってしまう。
そこにあるのはただ、今という時、
そして、静寂の語ることにただ耳を傾けようという私の意思。
静寂は、からだと心を飛び越えて、
内なる意識が覚醒し、とぎすまされた世界へと私を誘《いざな》ってくれる。
静寂の中では、ここに今生きてあるということを全身全霊で感じる。
そして私は、私という存在の本質が、
「生きとし生けるもの」すべての、
「本質」の一部であることに気づくのだ。*

＊Meditation and Rituals for Conscious Living by Nancy J. Napier and Carolyn Tricomiより

あなたの気持ちをよく知っているアイリーンより

メイシー・グレイ
Macy Gray
シンガー・ソングライター

「まず一番に自分を楽しませること。
後は自然に道が開ける」

シンガー・ソングライターのメイシー・グレイは、27歳のとき、夫と離婚した。当時3人目の子どもを身ごもっていたメイシーは、まだ3歳のアーニサーと2歳のメルという幼い2人の子どもを連れて、オハイオ州カントンの実家に帰った。彼女がナタリー・マッキンタイアとして生まれ育った5部屋の両親の家は、14歳で全寮制の学校に入って以来、久しぶりのわが家だった。

実家で過ごした5ヶ月間は、メイシーの人生にとって「人生最低のとき」として始まり、重大な転機ともなった。アトランティック・レコードにはクビをいいわたされた。経済的には両親に頼らざるを得ず、どうやって生きていこうかと考えあぐねたあげく、一時は音楽を捨てて教師になるか、ケント州立大の学生向けにタイピングサービスをしようかとも考えた。両親とはいい争いが絶えず、子どもに何を食べさせるか、どこに行かせるか、どんな服を着せるかなど、ことごとに対立した。とてつもない重圧に押しつぶされそうだったと、当時を振り返ってメイシーはいう。

「ほんとにものすごい重圧だった。私は楽しいことが好きなのに——ひとりでそんな重荷を背負い込むなんて慣れてなかったし。めちゃめちゃに落ち込んじゃって、迷路に迷い込んだみたいな気持ちだった。あんなにしんどかったことはないわ」

この手紙には、そんな先の見えない迷路からいかに抜け出すかが書かれている。

それから1年も経たないうちに、メイシーはエピックレコードと契約、アルバム「オン・ハウ・ライフ・イズ」のレコーディングを始める。このアルバムは2000年のグラミー賞二部門にノミネートされた。身長180センチ、独特のひっかくようなハスキーボイスとエキセントリックなスタイルが持ち味のシンガー・ソングライターは、その後「イド」(2001年)、「ザ・トラブル・ウィズ・ビーイング・マイセルフ」(2003年)を発表している。

†

ナタリーへ

実家に帰るなんて大間違いだったと思ってるよね、でも今はまだ確かなことは何もわかってない。ママとパパがそばにいるのは悪いことじゃない。いくらケンカしても、がまんできなくても、それはいいことなの。こういう経験をして初めて、自分の人生が本当はどうあるべきかを見つけることができるの。

あなたは音楽を愛してる。夫との仲が険悪になったのも、大部分はそのことが原因だった。彼はあなたが音楽べったりなのを快く思わなかったから。今あなたは、あなたにとってなくてはならない音楽をまた取り戻そうとしている。だけど、その想いを叶えるには、超えなければならないハードルがある。もう怖がるのはやめなさい。人の気に入られるような歌をつくって音楽の世界に帰ろうとするのはやめなさい。そんなのは「バカにすんじゃないよ」といってやればいいの。何よりまずは、自分を楽しませること。

今が、あなたの人生のどん底。結婚生活をなんとか続けようとずっとがんばってきたけど、そのせいで、大好きだったたくさんのことから離れてしまった。今は実家にいるんだから、他人を喜ばすことなんて優先しなくていい。まずは、あなた自身がどうやって生き延びるかよ。

それに気づいたらしめたもの、その気持ちがあなたの背中を押してくれるわ。自分をかりたてて、心の中を深く探って、何があってもくじけないあなたの根っこを探り当てたら、それをグイッと引っぱり上げて世の中に送り出してやるの。ついにはきっと、あたしが楽しければいいじゃないって境地になれる。自分の想いに忠実であることだけを心がければ、そこにたくさんのエネルギーが集中する。そうなればもう、後は自然に道が開けるものよ。

ステージで歌うとき、私が正しかったことがわかるはず。観客を楽しませようとしてステージに上がるときのショーは、まあ、こんなもんかって感じ。自分が楽しむためにステージに上がるときのほうがずっとステキ。観客にもわかる。みんなそんなあなたにこそ惹かれるんだもの。自分に正直であること、それが一番。いつもありのままで。そうすれば、いつだってうまくいく。

メイシー

ノア・アル・フセイン
Noor Al Hussein
前ヨルダン王妃

「完璧である必要はない」

1978年、美しいアラブ系アメリカ娘リサ・ハラビーがヨルダン国王と結婚し、ヨルダン王妃ノア・アルフセインになった。この物語を聞いて、もしあなたの密かなシンデレラ願望がますますあおられるとすれば、ちょっとこれを聞いてほしい。まず、彼女はただのきれいなお飾りで収まるような器ではない。父は、1960年代後半にパンアメリカン航空の社長を務め、強烈な意思の持ち主として知られるナジーブ・エリアス・ハラビー。少女時代からやや一匹狼的だったノアは、その独立心の強さから、父とも衝突を繰り返した。

ベトナム戦争で国中がいらだっていた頃に青春期を過ごした多くの若者と同じよ

うに、当時のノアも理想主義的で、世界を変えたいと思っていた。ただひとつ、他の人と違っていたのは、26歳で王妃になり、本当にそれが実現できる立場になったということだ。

とはいえ、名実ともに国王のパートナーとなるまでには時間がかかった。

「彼は周囲の人間の誰もが腹に一物あることに慣れっこになっていたんです。10代で王位を継いで以来、ずっと、頼れる人のひとりもなく、孤軍奮闘するのが当然だと思っていたんですね」。サンフランシスコのスタイリッシュな四つ星ホテル、ホテル・パロマーのスイートルームのリビングで会ったとき、ノアはそう当時を振り返った。

彼女と夫は、ともに生来楽天的で、人に尽くす意欲に満ちているという、似た者同士の絆で結ばれていた。「どちらも自分自身の利益にはならないことにこそ、やりがいと満足を求めていました」とノアはいう。

1999年に非ホジキンリンパ腫で夫を亡くす以前、ノアは貧困、失業、健康、教育、そして女性の権利という複雑に絡み合った問題に関する画期的事業をいくつも進展させ、ヨルダンに対してもっとも重要な貢献を成し遂げた。こうした事業のおかげで、その後ヨルダンの何百万という男女が貧困から抜け出した。国王の死後は、彼が生涯持ちつづけた構想を受け継ぎ、世界平和を実現し、東西がより深く理解し合うことに全力を注いでいる。

私が会った日、ターコイズの刺繍のチュニック、黒のパンツ、シャンデリアイヤリングというういでたちで現れた175センチの長身のノアは、頭にティアラをつけていても少しもおかしくない雰囲気を漂わせていたが、そうした階級につきものの冷ややかさなど微塵もなかった。

ゆったりした低音の声で、夫とともに過ごした日々を語るとき、その顔にはもの柔らかな笑みが浮かんでいる。

彼女が夫から学んだもっとも大事なことのひとつは、自らの良心と直感に従って生きていれば、何があってもおだやかな気持ちで乗り切れるということだという。

現在53歳のノアは、次の手紙の中で、別の教えについて述べている。これは独立独歩の精神を貫いた夫から学んだものではないが、1971年の冬、彼女を限りなく勇気づけてくれた教えだ。当時20歳の彼女は、プリンストン大学で最初の3学期を終えたばかりだった。

リサへ
あなたの人生の中でとくにこの日を選んで手紙を書くことにしたのは、今日という日があなたの将来にとってとても大きな影響を与える日だからよ。

昨日あなたはプリンストンを旅立ち、吹雪のデンバーに降り立った。のろのろとしか進まないバスに乗って、昨夜のうちにアスペンには来たけれど、今朝、目を覚ましたらトレイラーハウスの床の上だったわね。親切な旅仲間が、夜中に下宿屋を探しても無理だからと、特別にそこに寝かせてくれたのよね。

今日のあなたは元気を出して、街まで歩いて部屋探し。独立を勝ちとるための挑戦、興奮と不安が入り交じった気持ちでしょう。この滞在は、きっといい結果で終わるわ。不安でたまらなくなっても、自分の選んだ道を信じて歩きつづけなさい。

去年の秋、プリンストンでの1年目、テスト中に息ができなくなったときのことを覚えてる？　何日もぶっ続けで勉強したのに、何ひとつちゃんと覚えた気がしなかった。２課目終了した後、座ったまま体が動かなくなってしまって保健室に行ったわね。春に追試を受けられたけど、こんなことはまだ序の口。「どうしてこんなことになっちゃったんだろう?」と不思議だった。自分の力不足を痛いほど感じていた。

おかしいわね。じたばたもがいてるのは自分だけだと思っていたけど、本当は他の学生もあなたと同じようなものだったのよ。

あなたは小さい頃から誰にも頼れないと思っていたから、気持ちの上ではすっかりひとり立ちしていた。お父さんは一番上の子だったあなたに、どんなにがんばっても手が届かないほどの大きな期待をかけていた。一家は４年ごとに引っ越していたから、まわりの顔ぶれもしょっちゅう変わった。両親は不仲で、家の中にはいつも波風が立っていた。そんな暮らしだったから、あなたは誰にも頼らずに生きていかなければならないと思い込むようになったのね。

今までよくやってきたわ。でも、２２２年の伝統を誇るプリンストン大学が入学を許可した初めての女子学生のひとりとして、ドラッグ、公民権運動、ベトナム戦争の嵐に揺れるキャンパスに足を踏み入れると、それもおぼつかなくなってしまった。いつもじろじろと詮索ばかりされた。それなのに、先駆者たるあなたや他の女性クラスメートには、アドバイザーもカウンセラーも、サポートシステムのひとつもなかったわね。

でもね、リサ、今のあなたにはわからないかもしれないけど、あなたはひとりじゃないのよ。それにね、完璧である必要はないの。

アスペンで一冬を過ごすのは何よりだわ。仕事も経験できる——最初はモーテルのメイド、それからウェイトレス。今から12ヶ月後、もう学校に戻っても大丈夫になる頃には、アスペン研究所（アスペンにある研究と指導専門のシンクタンク）の環境建築家の下で雑用のアルバイトをしている——それは、あなたの将来を決めるのに役立つ仕事よ。

あなたが今ほど劇的に自分の直感に従って行動するのは、初めてのこと。そのうちに、自分の直感がいつも正しい方向を指し示してくれることがわかるようになるわ。

そうやって生きていけば、経済的に自立できることも証明できる。これこそ世界中の女性がぜひとも知らなければならないことよ。大学を出てからも、あなたは自分に挑戦しつづける。
　そしてある日、あなたによく似た魂を持つ人と出会って、たちまちその人をまるごと信じるようになる——その人は誇り高き予言者モハメッドの末裔《まつえい》——その不屈の信念、自らを顧みることのない献身、何もかもを包み込む大きな愛情、本当の勇気のおかげで、あなたは、真の強さ、本当の自由への道を見つけることができるのよ。

ノア・アル・フセイン

ジェーン・カツマレク
Jane Kaczmarek
女優

「成功の本当の意味、それは、
思いやりのあるバランスのとれた人格者になるということ」

女優ジェーン・カツマレクの夫は、人気TVシリーズ『ウェスト・ウィング』のスター、ブラッドリー・ホワイトフォード。夫と3人の子どもたちと暮らす陽気な家に彼女を訪ねた。

ハリウッドヒルズの家々と軒を接するように建つその家では、テーブルというテーブルに所狭しと家族の写真が並べられ、画家レネー・ノーマンのカラフルな作品が壁中を埋め尽くしている。そこへ、6歳の娘のフランシスがやってきて、うれしそうにピアノの椅子にドスンと腰を下ろし、覚えたての曲を弾きだす。リビングルームは遊び場さながら、子どもたちはエメラルドグリーンのソファの上で思う存分飛び跳ね、縁の波打った布張りのベンチを落書きだらけにし放題。ひび割れ塗装に生地見本、そして新しいバスルーム――。

1999年、騒々しくケンカっ早い一家が主人公のTV番組『マルコム・イン・ザ・ミドル』の、口やかましい母ロイス役のオーディションを受けるチャンスを得たが、ジェーンにとって何よりも気がかりだったのは家庭のことだった。「オーディションなんて受けたくなかったの。母親であることに満足していたから。子どもも、もうひとりほしいと思ってたし」と彼女はいう。「でも、結局オーディションを受けて、この役を引き受けることにしたわ。家をリフォームするところだったから、ギャラで新しいバスルームのお金が払えるかなと思って。でも、まさか『マルコム』がこんなに大ヒットするなんてね」

彼女は大笑いし、改めて思いがけないことのなりゆきを不思議がった。「まるでインチキ禅問答みたいよね。そんなのやりたくない、といった瞬間に、成功という大きなクリームパイ爆弾が顔めがけて飛んできたみたいな」。

そのクリームパイ爆弾によって、ジェーンは6回連続でエミー賞にノミネートされるという快挙を果たす。そしてこのときの経験から、さまざまな授賞式で有名人が着たデザイナーブランドの豪華な衣装などをリサイクルするという抜群のアイデアを得た。衣装をオークションにかけて、収益を子どもたちのための基金に寄付するのだ。

２００２年、彼女と夫のブラッドは「ＣＯＯＢ（CLOTHES OFF OUR BACK）」（www.clothesoffourback.org）というチャリティ基金を立ち上げた。これに参加している１５０人ほどのセレブの中には、テリー・ハッチャー、ユアン・マクレガー、ジェニファー・アニストン、ブラッド・ピット、シャーリーズ・セロンも含まれている。ＣＯＯＢは、これまでに自閉症のリサーチ団体である「CURE AUTISM NOW」、唇顎口蓋裂《しんがくこうがいれつ》の支援ボランティア「SMILE TRAIN」、児童保護基金「CHILDREN'S DEFENSE FUND」に対し、計50万ドルを寄付している。

この活動は、名声を価値として使うことによって、多くの人々の人生を向上させることに焦点を絞っている。「これによって私ができるのは、自分が心から信じている大義への意識を高め、そのために資金を集めることだと思うの。子どもの福祉のためにお金を集めるのって本当に幸せ。今までこんな満足感を感じたことはないわ」と、現在50歳のジェーンはいう。

彼女の手紙は、勝者になるという別の情熱について書かれている――20代の頃の彼女が、とりつかれたように追い求めていたことだった。

†

ジェーンへ

あなたの未来である私の今について、まず教えてあげたいのは、今私が裏庭のテラスのテーブルに座って、これからあなたにどんなことが起きるかを思って大笑いしてるってこと。

私たちは2人ともよく知ってることだけど、笑うってことは深刻な問題よね。お父さんの哲学を叩き込まれて育った私たちは、必ず勝者にならなければならないの。お父さんがしょっちゅういってたことによれば、人は私たちを恐れるか、でなければバカにして笑うんだから。その中間というのはあり得ない。

でも、今私が笑ってるのは、決してあなたをバカにしてるからじゃないのよ。あなたの不幸を楽しんでるわけでもない。私が笑ってるのはね、あなたの失敗――っていうか失敗の連続?――がおかしいからよ、だってあんまり深刻な顔をしてるんだもの。飛び込みに失敗してビターン！　とお腹を打っちゃった、みたいなことが、あなたの人生で一番いい出来事だったってことがいつかわかるよ。

待って――すぐに反論しないで！　ちょっと振り返ってみようよ、ジェーン。

あなたは、ずいぶん長い間、めちゃくちゃうまくやってた。高校なんて超楽勝だったし。大学でやった芝居では全作品で主役を張った。エールのドラマスクールでも、あなたともうひとりの女優とが最優秀演技賞を分け合った。その後、当然一番やり手のエージェントを得てロサンジェルスに移って、その初日に受けたオーディションで最初の仕事を手に入れた。それが26歳のときよ。それから6年間、女優として3週間以上仕事が途切れたことはない。こんなのふつうじゃないわよ。

細かいライフスタイルも見てみようよ。常に宝石を身につけている女性がいるように、あなたにはいつだってボーイフレンドがいた。ボーイフレンドはあなたにとって欠かせないアクセサリー、もっとステキな、もっとおもしろそうな新しい誰かさんが現れれば、そっちを手に入れるために今の彼とは別れるだけのこと。あなた以上に男選びのコツを知ってる女の子はいなかった。自家用飛行機を持ってる投資銀行家の彼がナンタケットに連れてってくれたり、シャンパンを用意した運転手付きの高級車があなたのアパートに横付けされたり。1980年代のニューヨークじゃそんなのあたりまえだと思ってた？　そんなわけないじゃない。

あなたは、こんなバブリーでいいことづくめなのは、すべて自分が成功のために一所懸命努力してるからで、当然だと思ってた。

でも、32歳のとき、突然不運がドアから醜い頭を突き出した。

失敗①　1988年の春、ニューヨーク、セカンド・ステージでの『LOOSE ENDS』のリバイバル公演。初日前夜、演出家が「もうあなたにつける薬はないわ」といった。あなたの役を少しでも感じよく見せるために、演出家は、苦肉の策としてあなたが帽子の中に入っているという演出にした。芝居は大失敗。演劇評論家のメル・ガッソは、それをあなたのせいだと「ニューヨークタイムズ」紙に書いた。

失敗② 失敗その①からまもなく、あなたはアル・パチーノ主演の映画『シー・オブ・ラブ』のロケでトロントに行った。そこで2週間、アル・パチーノの前妻を演じた後、ちょっとウィリアムズタウン演劇祭に行っていたら、もうロケには戻ってこなくていいと電話がかかってきた。別の女優がその役をやることになったから。

失敗③ 自分より10歳ほど若い男と関係を持った。彼は大丈夫そうに見えた。つまり、あなたをがっかりさせるようには思えなかった。でも、あなたが彼に興味を失う前に、彼が電話をくれなくなった。

で、現在にいたるというわけ。今あなたは、誰もが自分を見てるような気がしてる――あんなに成功してたあなたを、今はあざ笑ってるんじゃないかって不安なんでしょ。ミス・エールドラマスクールのなれの果てを見てごらん！って。まるで、誰かに踏まれて靴の裏についたガムみたいにみじめな気持ち。

わかった、確かにひどいことね、それは認めるわ。何もかもすぐにうまくいくようになるなんてウソはいわない。でもジェーン、もっと大局に立って、広い視野で自分のことを見てごらん。あなたはこれまで自分は正しいことをやってきたと思ってる、でもね、あなたは決していい友達でもなければ、いい彼女でもなかった。あなたって人は、絶対誰にも負けまいという野心満々で、成功することが何より大事なんだもの。

でも今、成功の本当の意味が何かを学べるときがきたのよ。数々の失敗が、本当のあなたの姿をさらけ出してくれたの。本当の成功に欠かせないものは、思いやりのあるバランスのとれた人格者になるってこと。割のいい仕事でもなければ他の役者をやり込めることでもない。いい友達でいること、心から愛情に満ちた人間であること、それこそが欠かせない要素なのよ。

あなたが何人もの男とつきあって、次々とふってきたのは、自分の本当の姿を見すかされるのが怖かったからでしょ。もし本当のあなたがわかったら、むこうからふられかねないもんね。

今のあなたは、確かにどん底、最悪よ。でも、これからの人生で出会う最高のことのいくつかは、この時期があったおかげで起きるの。それだけは請け合うわ。

傷ついてもいい、「これからどうやって生きていったらいいかわからない」っていいってもいいんだってことを知るようになる。ただ生きてるってだけで十分に幸せだということ、平凡な日々の幸せもわかるようになるでしょう。

何より、この最悪の年を過ごしてあなたが一番学ぶのは、自分が人間を好きになれるのがわかること、そして、自分の世界に他人を入れるのが平気になること。たとえその人がすごい成功者でなくてもね。

そのおかげで、あなたの人生には、これまでとは違うタイプの男性が現れる。

彼は、これまであなたが男性には不可欠だと思ってた、成功者を彩る虚飾なんてものは全然ない。初めてのデートの日、彼は、バイクのハンドルにあなたを乗せて家まで送ってくれる。だって車なんて持ってないし、借りるお金もないんだもの。でも彼といると笑いが絶えないし、頭がいいし、それに驚くほど誠実。後に結婚することになるこの人にあなたが心惹かれるようになるのは、この最悪な年を過ごしたおかげなのよ。

あなたより幸せな未来のあなた、ジェーンより

キティ・ケリー
Kitty kelley
作家

「真実を語れ。しかし足の速い馬に乗って」

フランク・シナトラの生涯を描いた『ヒズ・ウェイ』（文藝春秋）や『ジャッキーOh！—ジャクリーン・ケネディ・オナシス夫人のすべて』（メディア・リサーチ・センター）など、常に世の中を騒然とさせるベストセラーを世に出して来た作家キティ・ケリー。2004年の大統領選の期間、彼女を槍玉にあげてこき下ろすことが、マスコミお気に入りの気晴らしだった。

重さ約1キロもあるブッシュ家に関する大著『ザ・ファミリー』（日本では、『ブッシュ・ファミリー——ブッシュ一族虚飾の1908年〜』と『ブッシュ・ダイナスティ——父子二代大統領栄華の行方1972年〜』に分冊。ともにランダムハウス講談社）は、記憶にあるかぎりもっとも厄介な大統領選の最中、それも選挙日のたった7週間前に出版された。スペースシップの着水もかくやというほど細やかな配慮の下でのことだった。

この本には、父のジョージ・H・W・ブッシュが大統領だった当時、現ブッシュ大統領が弟のマーヴィンと、キャンプ・デイヴィッドでコカインを吸ったというセンセーショナルな告発が記されていた。これに対し、当時のマスコミ——、コラムニストやトークショーのホストたちは、著者のキティをテリアのようなしつこさで追いまわし、ズタズタにした。出所のわからない噂の域を出ないスキャンダラスな告発は、他に数多くあった。こうした告発のどれを批判してもかまわなかったのに、彼らはなぜかわざわざ、何年もの月日をかけて着実な取材を続け、33ページもの脚注まで付けたキティだけを叩いたのだった。

キティのオフィスであるジョージタウンの家を訪れると、猛女と呼ばれるこの女性が、実は女らしく、ごく小柄な63歳のブロンド女性であることに驚く。話の合間に下唇を噛んだり、頬にかかる金髪をしょっちゅう持ち上げてはフワフワにふくらませるといった少女っぽいくせもある。彼女の自宅はそこから5ブロックほど離れたところにあり、13年間連れ添った夫ジョナサン・ズッカーと暮らしている。「2人とも再婚なんです。今は、この上なく幸せ！」とキティはいう。

上院議員ユージン・マッカーシー氏の広報アシスタントを務めていたキティは、その後28歳のとき、「ワシントン・ポスト」紙で物書きとしてのスタートを切った。最初は社説面の調査を担当していたが、コーヒーを運んだり、電話をとったり、他の記者のためにネタを集めたりするのも仕事のうちだった。

しばらくすると、ときどき雑多なコラムを書くチャンスもまわってくるようになった。この頃の一番の出来事は、ある日、編集責任者のベン・ブラッドリーが、アメリカがベトナム戦争に関わるようになった経緯を調査した機密文書、いわゆるペンタゴン・ペーパーズを入手し、4400ページにものぼる全文書の整理を彼の自宅で手伝うようキティに頼んだことだった。この連載は、「ワシントン・ポスト」紙で、1971年の夏から開始された。

ナンバープレート「MEOW（ニャーオ）」の愛車を持つキティがそもそも伝記を書こうと思うようになったのは、私たちの生活に影響をおよぼす人々に強く惹かれたからだという。

自作に対する猛烈な反応からそれなりの恩恵も受けてきた百戦錬磨のベテラン作家キティが、批判に動じることなどあり得ないと思うかもしれない。私が会ったときにはまだ次の本の構想を決めていなかったが、この手紙でキティは、『ザ・ファミリー』宣伝ツアーの間、2ヶ月にわたって、過去を蒸し返され、根掘り葉掘り糾弾された、今より少し若い自分に対して警告を発している。

†

キティ

『ザ・ファミリー』の出版前夜、あなたが頭ではなく心で考えているのが心配。あなたはこの本で世界一強大な権力を握る一族の歴史的肖像を描き、支持派と不支持派どちらの政治勢力にも読んでもらいたいと思った。

4年がかりの調査と、ほぼ1000人におよぶインタビューを終えたあなたは、この本が、政治的ではあっても決して一方の党派に偏したものではないと思っている。でも、あなたはまだ気づいていない。今は国を二分する選挙の最中で、何をいおうと客観的に受けとられるはずがないということに。実際、こ

れを書いたことであなたはさらし者になるでしょう。

かれこれ四半世紀も伝記を書いてきたあなただけれど、これほど手強い本は初めてだったわね。何しろ１００年におよぶ歴史の中で、しかもアメリカ一強大な影響力を持つ一族の人生を何人分も追ったのだから。

でも、これほど詳細に真実をさらけ出す物語を書きながら、その結果については責任をとらなくてもいいなんて、どうして思ってるのかしら？　要するにあなたは、はるか彼方にまで恐ろしいほどの影響力を行使できる現職大統領について書いたのよ。

実のところ、これからあなたに向かって吹きつける嵐のような個人攻撃に対して、どんな準備をすればいいのか、私にもわからない。その攻撃は、ブッシュ家からだけじゃない。ホワイトハウスも、共和党全国委員会も、下院院内総務もこぞってあなたを責めたてるでしょう。もちろん、だからといって事実を探ってたどり着いた結論を引っこめろといってるわけじゃないのよ。でも、あなたの描く容赦のない人物像、とくに前ブッシュ大統領の描写に関して、あなたを弁護しようという人は、マスコミにもごくわずかしかいないということは覚悟しておくことね。

『トゥディ』で、マット・ラウアーがあなたを批判する。他のTVでも、トークショーのホストたちは、ブッシュファミリーの機嫌を損ねることを恐れて、番組に呼んではくれないわよ。親戚の中でさえ、あなたを敬遠する共和党員がいる。製薬会社アボット・ラボラトリーズ社の前最高財務責任者である義理の兄さんは、あなたの出版記念会への出席を断ってくるわ。その収益が、奥さんお気に入りのチャリティの資金になるとわかっているのにね。

とにかく、今いってあげられるのは、あなたが誰よりも尊敬している保守主義者、ウィンストン・チャーチルのこの言葉を守り抜けってこと。「私は批判に腹を立てはしない。たとえ強調のあまり、それが現実とはかけ離れているとしても」。

それから、あなたが掲示板にピンでとめているカウボーイのモットーを忘れないこと。「真実を語れ。しかし足の速い馬に乗って」。

相変わらずのキティより

ゲリー・レイボーン
Gerry Laybourne
オキシジン・メディアCEO

頭の中にある「間違いをあげつらってばっかりのラジオ」は、さっさと切ってしまいなさい。

ジャンボジェットのコックピットさながら、巨大な洞窟のようなオキシジン・メディアの最上階に陣どるオフィスに腰を下ろしたゲリー・レイボーンは、何ものにも動じない静かなオーラを放っている。しかし、陶磁器のようになめらかなその肌の下に、脈々と流れる破壊的フェミニストの血脈を探し出すのは、決してむずかしいことではない。

アメリカ広しといえども、会社のパーティで喜び勇んで電車ごっこに加わり、日々女性の権利を擁護し、自らのホルモン療法について会議で部下と話し合うCEOは彼女くらいのものだろう。女性のためのケーブルTVチャンネルであるオキシジンの番組のように、レイボーン社長本人も、インテリでありながら下ネタも平気、母性的であると同時に反逆児という器の持ち主だ。

もともとは学校教師だったが、1980年、33歳のとき、大手メディア企業バイアコム傘下のニッケルオデオンネットワークテレビの重役に転身した。自分でも好んでいうように、彼女こそが「グリーンスライムという緑色のドロドロ怪獣をTVに持ち込んだ」張本人だった。

彼女の指揮の下、ニッケルオデオンは受賞番組を輩出する一流ケーブルTVに成長、巨額の利益を生み出すようになった。それから16年後の1996年、レイボーンはニッケルオデオンを去り、今度はディズニー／ABCケーブルネットワーク（ディズニーとABC系列のケーブル番組制作およびケーブルTVの番組企画を担当）の社長に就任した。

しかし1998年、オキシジンを立ち上げるため、レイボーンはディズニー／ABCケーブルネットワークを去った。

この起業にあたってレイボーン社長は出資者たちを説きふせ、最終的に600万ドルもの資金を集めた。それほどの実績のある女性のいうこととも思えないが、実は資金調達をするときにはいつも気後れがするのだと、私とのインタビューで彼女は語った。

「16年間も、ひとつのことをずっとやってきたわけですよ。ブランドを築き上げ、決まった枠の中でよき企業経営者として生きてきたんです。そりゃ可能なかぎり枠を破ってはきましたよ、でも基本的にはよき企業市民だったわけ」。まっすぐに私を見すえながら、自分のサクセスストーリーを分析するように彼女はいった。「もしもっと早い時期に、仕事を辞めたり、舞い戻ったりするだけの勇気が私にあったら、自分からも視聴者からも絶対に奪い取られないようなブランドをつくりだしていたと思うわ」。

57歳で孫もいるゲリーは、破滅といっても過言ではない大失敗からオキシジンを救い、育て上げてきた。『GIRLS BEHAVING BADLY』などオリジナル番組を手がけ、また『ジーナ（Xena――Warrior Princess）』などの再放送も行い、2004年初めての四半期利益を計上、2005年末には契約者数も60万に達する。

この手紙は、ニッケルオデオンを去るという重大な決断をした49歳のときの自分に宛てたものだ。

ゲリーへ

今のあなたは企業という大きくて強力な両親の庇護の下にある。金銭的な悩みも知らず、快適かつ「安全な」会社の仕事をしている。あなたは、自分の認識の甘さをどの程度自覚しているかしら？

16年間、ニッケルオデオンに身を置いて、あなたは社内で自分のアイデアこそ会社にとって絶好の投資チャンスだと主張して、成功してきたわね。

決して楽な道のりじゃなかった。予算を獲得するには、あなたと同じように、わが部署のアイデアこそ会社の命運を決める！　と思い込んでいる社内の全部門と競争しなきゃならなかった。企業の内部抗争はいまだに健在だけど、これは結局きょうだいゲンカ。だからおもしろくもあるわよね。

でも実のところあなたは、ベンチャー・キャピタルや非公開投資会社や銀行取引についてはまったくの無知。自分のことを起業家だと思い、ニッケルオデオンは「わがもの」だと思ってるみたいだけど、本当の起業家っていうのがどんなものか何にも知らない。どうすれば起業家になれるのか、それを学ぶための第一歩すら踏み出していないじゃないの。

そんなあなたが、今、勇気を出して、愛する企業と大切にしてきた人々のもとを立ち去ろうとしている。何のために？　起業家を後押ししてきたわけではなく、ただ、新しいことをやってもいいと「約束」してくれただけの新しい企業に乗り込むために、よね。

目を開けて、よく見てごらんなさい。あなたが足を踏み入れようとしている会社は、あなたのアイデアに心から賛同しているわけではない。ただひたすら株式市場主導、四半期ベースですべてが評価される企業なのよ。あなたを招き入れようとしている人たちは、あなたがどれだけ「自立」や「自由に創造性を発揮できる環境」を大事にしているか、そしてそういうことの達成度を成功の基準にしているかなんて、まったく理解しようとしないでしょう。

目を覚まして。長い間いた大きくて「安全な」企業を離れて、ひとり外界に乗り出そうとするなら、莫大な資金源を見つけなくちゃ。この資本主義社会では、優れたアイデアや、実績を証明された人を血眼になって探してる投資家がたくさんいる。あなたは、大企業の中にいればこそ、資本が準備できたり、しっかりした支援が期待できると思ってるけど、資金調達はあなたが思っているほどむずかしくはないのよ。

資金調達は、ビジネスで女性がまだ征服していない最後のフロンティア。ここに乗り出すためには、どんなステップを踏むべきか。それはすべてわかっている――アイデアがあること、そのアイデアをどう進めるかを見出すこと、欲しがっているのが誰かを割り出すこと、景気動向を理解すること、そして長期計画を立てること。

ほら、足りないのは元手だけじゃないの。仕事上の障害は他にも山ほどあるのに、資金調達が一番のハードルだなんて、よりによってあなたのような人がどうして思うのかしら? 他の障害のほうがずっとたいへんだってことは、火を見るより明らか。ビジョンを打ち立てたり、ブランドを築くことは、脳外科手術並みにむずかしい。それに比べたら資金調達なんて朝飯前。

まずは、あなたのビジョンを実現するのを助けてくれるのは誰かをよく考えなさい。それが見えてきたら、その信頼できる人たちと会って、彼らが信頼している銀行や投資家を教えてもらうのよ。そして、彼らと会う段どりを決めなさい。もし銀行を紹介してくれる人が誰もいなくても、スプリングボード（www.Springboardenterprises.org）やアメリカン・ウーマンズ・エコノミック・ディベロップメント・コーポレーション（www.AWED.org）のような団体を訪ねれば、今後どうすればいいかをアドバイスしてくれるわ。

首尾よく銀行と打ち合わせをする段になったら、こんなルールを忘れないこと。

ルール① わざわざ打ち合わせに来てくれたからといって、ありがたがりすぎないこと。あなたにお金が必要なのと同じように、彼らも優れたアイデア、優れた人間、優れた可能性を必要としているんだから。

ルール② 好きなだけ選り好みしなさい。たとえばわけのわからない業界用語ばかり使われて、自分がバカみたいに思えてきたら、そういう相手はパスすること。

ルール③ 資金を提供するという人については徹底して情報を集めること。そのうえで、その人に関する賛否両論を分析し、評価すること。そのとき、自分の直感を無視しないこと。それがあなたの一番の才能、何より頼りになるツールだってことを忘れないで！

ルール④　できるだけ多くの資金を集め、慎重に使うこと――慎重に資金を集めて慎重に使うといってもいいわ。要は、お金はくれぐれも慎重に使えということ。人に対しても事業計画に対しても、往々にしてみんな早い段階で間違いをしでかしてしまいがちなもの。それを防ぐには、ゆっくりと始めること、それがコツ。

ルール⑤　これが肝心かなめの黄金律。何よりも、自分自身の一番の親友でいること。頭の中にある「間違いをあげつらってばっかりのラジオ」は、さっさと切ってしまいなさい。

愛を込めて。8年後のゲリー

レベッカ・ロボ

Rebecca Lobo

オリンピック代表バスケットボール選手

「男なんてよりどりみどりだよ」

１９０センチの長身――、レベッカ・ロボの背が高いのは、べつに不思議なことではない。その長身とずば抜けたバスケットボールの技術が、彼女の人生を運命づけた。

マサチューセッツ州高校バスケットボール界で、男女合わせて史上最多得点をあげた選手である。コネチカット大学時代、チームは国内選手権で優勝、彼女自身は最優秀選手に選ばれた。そして、１９９６年には全米オリンピック代表選手に。翌１９９７年には、この年設立されたチーム、ニューヨーク・リバティを、発足したばかりのＷＮＢＡ（全米女子プロバスケットボールリーグ）の最初のシーズンで優勝を争うまでのチームに導いた。

しかし彼女には、その目覚ましい活躍ぶりの中で忘れられている、もうひとつの魅力がある。それは彼女の笑顔だ。コネチカット州シムズベリーにあるセカンドハウスに彼女を訪ね、コート脇では絶対に見られないその笑顔を見ることができた。その微笑みは、おずおずと、ちょっとはにかむかのようにほころびはじめ、時間をかけて少しずつ、まるで花が開くように広がる。それを見て突然気づく。なんてきれいな人なんだろう。

現在30歳、「スポーツ・イラストレイテッド」誌のライターであるスティーブ・ルーシンと結婚したレベッカは、2004年のクリスマスの朝、シボーン・ローズ・ルーシンの母となった。「母親でいることが大好きなんです。想像していたよりずっとやりがいがあるんですよ。娘は生まれた瞬間からかわいくて、もう自分なりのユーモアのセンスがあるみたい」と彼女はいう。

2005年、レベッカはスポーツ専門チャンネルESPNで、WNBAのゲーム中継の仕事をしたが、夫スティーブと娘シボーンも、1ゲームを除くすべての試合に彼女と同行した。「試合中継の仕事は本当に楽しいですよ、でも私はいつどんなときにも、常に母親であることのほうを優先しようと思ってます。これから先、また子どもが生まれたら、仕事は辞めるかもしれませんね」。家族が増えるのを待ちきれないように、レベッカはいう。

9年前には、こんな幸せな人生など到底信じられなかった。これはレベッカが21歳の自分に宛てた手紙である。

†

レベッカ

あなたは今、バスケットボールのおかげで、夢にも思わないほど遠くに来ちゃって、頭がグルグルね。

コネチカット大学は、信じられないことに全米選手権で優勝、そしてあなたはオリンピックチームの一員に選ばれちゃった。まだたった21歳なのに、CBSのトーク番組『レイトショー・ウィズ・デヴィッド・レターマン』や『ライブ・ウィズ・レジス・アンド・キャシー・リー』にも出演しちゃうし。女の子たちがバラの花束をくれたり、授業であなたのことを書いた作文を送ってくれたりする。マサチューセッツ州サウスウィックの母校の高校の住所は、今や「レベッカ・ロボ通り」。女子バスケットボール界では前代未聞のことだけど、どういうわけかあなたは今では有名人、どこに行ってもみんなに顔を知られてる。

あなたへの注目は、大波のように、ものすごく高いところまであなたを連れていって、その波はいよいよ高まるばかり。ときどき、誰にも知られてない頃にこっそり戻りたいと思うのも無理ないよね。家族は今でもあなたに必要な隠れ家、そしてよりどころ。でもレベッカ、あなたの彼はそうじゃない。そうでしょ?

どういうことになってるか知ってるわ、そして不思議なの。チームのみんなと一緒に初めて国内、そして海外遠征にまで出てるのに、あなたはまるで綱につながれてるみたいな気分。チームメートと一緒に夕食に出かけるのも心配。だって、出かけてる間に彼から電話があるかもしれないから。

いいえ、もっと正確にいえば、彼から電話がかかってきたときにとりそびれたら、またケンカになって頬っぺたを涙でぬらすことになるのが怖いから。ホントはいい争いやケンカは大嫌いなのに、彼と電話で話すたびに、いつのまにかいい争ったりケンカしたりするのがふつうになっちゃったよね。

確かに彼はいい人だよ、おもしろいし。でも、彼はあなたを心から信頼していない。2人とも若すぎるし、ほんとのことをいえば相性がよくないのよ。

あなたにとって、彼氏って呼べるような人は、彼が初めてだよね。あなたは、彼と自分の関係が、世の中であなたが唯一知ってるカップルのお手本、つまりあなたの両親みたいになることを期待してるんだと思う。両親だって、たまにケンカすることもあるけど、別れることなくずっと愛し合って、心からお互いを信頼してる。

どうして私たちはああいうふうになれないんだろう？　ってあなたは思ってる。こういうときに、あなたの性格の一番いいところ、強い決意と粘り強さが裏目に出ちゃうのよね。でも彼とはどうやったってうまくはいかない。あなたにぴったりの他の人を見つけなくちゃだめなのよ。

彼がまたいつ怒りだすだろうなんて思いながら、2年近くもむだにしちゃだめ。今すぐ別れること。そうすれば、チームメートとも今よりずっと親しくなれるよ。友達も、あなたに素っ気なくあしらわれなくてすむようになるし。中国、オーストラリア、シベリアへの遠征も思いっきり楽しめる。故郷に戻っても、いつも彼と一緒にいなくちゃっていうプレッシャーから解放されて、実家で好きなだけのんびり過ごせる。

心配しなくても、これから先、素敵な男性がたくさん、あなたに興味を持ってくれる。ほら、あなたは特別な子なんだって、家のみんながずっといってたじゃない、レベッカ。男なんてよりどりみどりだよ。

あなたの未来の夫はライターで、どうやってあなたと恋に落ちたかを、おもしろおかしく、おまけにお世辞たっぷりに自分のコラムに書いてくれる。

21歳のあなたは彼氏に泣かされてばっかり。でも30歳のあなたは、結婚生活について「これ以上完璧な幸せなんてあり得ません」っていうことになるんだよ。

あなたのことを思うと心が温かくなるレベッカより

カムリン・マンハイム

Camryn Manheim

女優

「この世は年金みたいなものよ。掛けた分だけもらえるってこと」

23歳から26歳までの間、カムリン・マンハイムの毎日は戦争だった――少なくとも、彼女自身はそんなふうに感じていた。

1984年の秋、カリフォルニア大学サンタクルーズ校を出たカムリンは、女優になるというはちきれんばかりの夢を胸に、ニューヨーク大学ティッシュ・スクール・オブ・ジ・アーツに進学した。しかし数ヶ月のうちに、教授たちに体重のことで非難され、減量を命じられた。

それから3年、カムリンは――彼女の思い出の中では――毎朝必ず、両手に目に見えないボクシンググローブをはめて武装してから、ロウワー・イーストサイドのロフトアパートを出るようになった。

教師たちは、クラスメイトのいる前で、始終彼女に体重のことを聞いた。太りすぎなのは努力が足りない証拠だというのだ。

「教師たちは、つまり、私の体は私にとって道具なんだっていうわけよ。自分の体を大事にしないってのは、本気で芸に取り組んでない証拠だって」と、カムリンは当時を振り返っていう。当時のカムリンにとって、言葉による暴力は単なる屈辱ではなく、脅《おど》しでもあった。ティッシュスクールは、プログラムにそぐわないと思われる学生を「切り捨てる」システムを採っていたからだ。カムリンのクラスでも、29人のうち最終的に7人がクビを切られた。

いつギロチンが落とされてもおかしくない状況で、自分の立場を主張することのむずかしさを常にひしひしと感じていたカムリンは、いつしか自分の「部屋」で日記をつけたりギターを弾いたりすることに慰めを見出すようになっていった。部屋とはいっても、フロアの一隅を大きなカーテンで仕切って、タペストリーやキャンドル、写真などで飾りつけただけの空間だった。

4年の間マンハッタン中を走りまわったホンダCB650のおんぼろバイクも、

批判の嵐から逃れて一息つくのに役立ってくれた。「主導権をとれると思ったときには、断然力を行使したわ。私のバイクの後ろに乗ってグリニッジヴィレッジを走りたがらない奴なんかひとりもいなかったわよ」。

そんな売れない女優兼学生だった時代を経て、今やカムリンは、ABCのTVドラマ『ザ・プラクティス――ボストン弁護士ファイル』の弁護士エレノア・フラット役でエミー賞（1998年）、ゴールデングローブ賞（1999年）を受賞するまでになった。

その後も、『アン・フィニッシュトライフ』『ダーク・ウォーター』『ハピネス』『ロミーとミッシェルの場合』『ELVISエルビス』『ラストキングダム10番目の王国』といった映画、あるいは『ふたりは友達？　ウィル&グレイス』『Two and a Half Men』『シカゴ・ホープ』などのTVドラマで広く活躍中だ。

カムリンは、活動家の両親に育てられた。かつて、妊娠中絶を推進する集会に参加して逮捕されたとき、刑務所から家に電話をかけると、二人して誉めたたえてくれたという経験がある。

そんな彼女にとって、寄付やボランティア活動は「遺伝的必然」。聾唖者など障害のある人々、米国自由人権協会、地方のかかりつけ医、家族計画など、カムリンが支持する運動は枚挙にいとまがない。

「私は、たいていの人より幸せだと心から思ってる。でも、今この地球で何が起きているかを考えると、『自分は悲しみを踏み台にして生きてるんだ』と思うことがよくあるわ」

そんな気持ちをやわらげてくれる最強の解毒剤は、2001年、39歳のときに生まれた息子マイロ・ジェイコブ・マンハイム。ふだんは立て板に水、とどまるところを知らない自己表現を得意とするカムリンだが、息子を持った気持ちを聞くと一瞬言葉を失い、それからようやくこういった。

「そうね、〝幸せの食べ放題〟ってとこかしら。最高よ」

この手紙は、ニューヨーク大学教授陣に全面否定されて窒息しそうになりながらバイクを乗りまわしていた頃の、自由奔放な自分に宛てたものだ。

†

——カムリンへ——

私はあんたのことならほとんどすべて知っている。誰も本当にあんたを理解してくれないのもわかってる。疑り深いあんたのことだから、私がこれからいうこともきっと疑ってかかるだろうっていうことも。でも、もしかしたら私のいうことの中で、なるほどそうだなと思えることがあるかもしれないじゃない、だからともかく精一杯話してみるからね。

これからのあんたの人生は、どんどんいいほうに向かう。ほんとに、ものすごく、信じられないほどよくなる。でもあいつら——あんたを品定めして批判してるあの「偉そうな奴ら」、あんたの可能性を狭めて、君の夢は大きすぎるなんていうバカな奴らが変わるって意味じゃないよ。

残念ながら、あの人たちはそんなに変わらない。変わるのは、あんた。あんたの中にいるファイター、戦士、ボクサー、復讐の鬼が、武器をかき集めてあんたを勝利に導くってこと。

あんたが平和主義者なのは知ってる。わざわざ誰かをやっつけようとか、へこませてやろうと思ったりはしない。私のいう武器ってのは、大量破壊兵器のことじゃない（そんなのはどこにもなかったってもうみんな知ってるし）……

そうじゃなくて、心と魂の武器のこと。たとえば自信、ウィット、それと大胆不敵な態度。たとえば思ったことを率直にいうこと、自分の信念のために立ち上がること、自分自身を信じること。こういう武器があれば向かうところ敵なし。あんたの自信に張り合える相手はいない。それを打ち破ることができるのはあんた自身だけ。

あんたは、世界中がこんなに苦しんでいるのに、自分が幸せになれるなんて信じられないんだよね。確かに、世界の苦悩に目を向けるのは大事なことよ。でも、それとは別に喜びを感じることはできるはず。

あんただって楽しむことあるじゃない。

たとえば、大好きな芝居を見ると、あの舞台に立ってるのが自分だったら、ってうらやましく思うとき。

ニール・ヤングの新しいアルバムを聴いてるとき。

暑い夏の夜、バイクの後ろにかわいい男の子を乗っけてブルックリンブリッジをぶっ飛ばしてるとき。

そういうときって最高でしょ。もし、そういう瞬間をできるだけたくさんつなげて首飾りみたいにできたら、きっと今よりうんといい人生になるよ。

　この世ってね、いうなれば年金みたいなものよ。掛けた分だけもらえるってこと。自分の可能性を10パーセント注ぎ込めば、あとで10パーセント分もらえて、結局あんたは20パーセントの可能性を使って生きていくことができる。じゃあ、もし100パーセント注ぎ込んだら？　そう、世界中のパワーが総動員されて、100パーセントを上乗せして返ってくる。人生に前向きに取り組むこと、これ以上に率のいい投資はないよ。

　つまりね、カムリン、人生はリハーサルじゃないってこと。やり直しはきかないの。一日一日をおろそかにしちゃだめ、すべての日が、全部、大事。

　だから、ほら、全力で戦いなさい。あきらめちゃだめ。全力で仕事をし、全力で遊び、全力で闘い、全力で恋をしなさい。ちょっとは規則も破り、ちょっとはわめいて。そして毎日寝る前に、今日何か後悔することがあったかって自分に聞いてみなさい。

　あんたは自分のやったことを後悔することはめったにない。後悔するのはやらなかったことばっかり。だから、やりなさい。すべてをやってみること。フランス語を習いなさい。ピアノを買って、一人芝居を書いて、もっとたくさん恋をして。結果だけじゃなくて、そこにいくまでの旅そのものを楽しむのよ。

この手紙、わかってることだらけかもしれないけど、まあだまされたと思って、まさかのときのためにお尻のポケットに入れておいてよ。もしかしたら、何年もポケットに入れっぱなしで、くちゃくちゃのよれよれになって、インクも薄れて読むのに苦労するようになった頃、役に立つかもしれないからさ。

あんたの戦友カムリンより

メアリー・マタリン
Mary Matalin
政治評論家

「仕事で成功するための、絶対正しい方法なんてない」

メアリー・マタリンは、2人の大統領と1人の副大統領に仕え、CNNとCNBCで番組キャスターを務め、共和党全国委員会の幹事長を務めている――こう聞くと、どんな女性だろうと身がまえてしまうが、ひとたび本人と話をしてみると、若い頃、美容師の資格を取る勉強をしていたと聞いてもべつに驚かなくなる。さばけた気さくな人柄で、どんな人とでもすぐにうちとけてしまう。弁舌巧みで話題も広く、若かりし頃についての質問に答えながら、宗教的な警句をはさみ込んだかと思えば、間髪をおかずさらりと子育ての話題に移るという具合。話をしていると、メアリーが稀代のおしゃべりだということがすぐにわかる。本人がいうように、とくに妹のレニーとしゃべっていると、とどまるところを知らないそうだ。

そのメアリーが今一番夢中なのが、母親業。彼女の人生における一大変化だ。これまで一心不乱にキャリアに邁進《まいしん》していたメアリーは、ジョージ・H・W・ブッシュ大統領の再選キャンペーンに携わっていたときは、自分のデスクの後ろに「あっ、しまった、子ども生むの忘れたわ」というポスターを貼っていたほどである。

1993年、彼女の最大のライバルだったビル・クリントンの選挙参謀長、ジェイムズ・カーヴィルと結婚した後も、仕事第一の姿勢は変わらなかった。しかし5ヶ月後、41歳で思いがけなく妊娠。このときは流産で悲嘆に暮れたが、その後、娘2人を出産した。

11歳のマッティと、9歳のエマ。2人の娘はもう赤ちゃんではないが、メアリーは子育てに飽きるどころか、ますます夢中になった。そこで彼女は、ブッシュ政権半ばにしてホワイトハウスの仕事を辞し、フルタイムで母親業を楽しむようになった。それでも、現在もざっと数えて数百の政治的・社会的プロジェクトに関わり、そうした仕事から今も刺激を受けている。

人の子の親になったことで、自分の人生の手に負えない部分をあしらうコツがわかってきたとメアリーはいう。「夜中に不安でたまらなくなって目が覚めて、心臓がドキドキしちゃうようなとき、ああ、今自分の中の誰かがかんしゃくを起こしてるんだなって思うようになったの。子どもがかんしゃくを起こしたときに、いちいち正面からとりあってはいられないでしょ。だから、自分のわけのわからない恐怖もとりあえずほっとくようになったの」。

もうひとつ、母親になることによって得た大きな役得のひとつは、自分の母の記憶をもう一度よみがえらせることができたことだった。母は50歳のとき、がんで亡くなった。メアリーはまだ26歳だった。

ショックと悲嘆のあまり、彼女は「ワープみたいな超高速で仕事を始めた。政治学の学位を取ったばかりだったが、将来について何の計画もアイデアもなく、とにかくただがむしゃらに働いた。息ができないほどの悲しみと痛みを感じる『余裕』をなくすことだけを目標に」。そう彼女は著書『Letters to My Daughters（娘たちへの手紙）』に記している。

今53歳になったメアリーは、ちょうどその時期、20代後半から30代前半の、キャリアにとりつかれていた頃の自分に宛ててこう綴っている。

メアリー

今あなたは、本やカウンセラーや友達からの膨大なアドバイスを受けて、いったいどうすればいいかわからないまま、仕事にも人生にも乗り出そうとしている。でも、ちょっと立ち止まって考えてみて。

これまで、どんなことについても最高のアドバイスをくれたのは誰だった？そう、ママよ。ママがいなくなってしまったからって、仕事について、世の中について、ママが教えてくれたアドバイスを忘れてしまってはだめよ。

あなたがものすごい早さで駆け抜ける道は、ママが歩いてきた道とは確かに違う。でもママの人生訓は、あなたの人生にもあてはまるはずよ。あなた方は全然違う道を歩いてきたけれど、スタート地点は同じ場所だった——人種も、中西部生まれということも、「あるひとつの時代に育った」女の子だってことも。

だから、仕事をすること、遊ぶことについてのママの基本レッスンをおさら

†

いしてみましょう。まず何よりも、仕事は仕事であってはならない。自分の仕事を愛さなくてはならない。ママはそう教えてくれた。

仕事を探すときは、進路相談をやりすぎてはいけない。どんな仕事を選ぶか計画するのも、やりすぎるとかえって自分の将来の芽をつむことになってしまう。本やコラムに出てくるアドバイスは全部間違い。仕事で成功するための絶対正しい方法なんてない――少なくとも、あなたみたいな人の場合はね。

あなたの人生のコンパスは、長期目標とか、一歩一歩昇進してちょっとずつ出世していくとか、昇給とか肩書きなんていう昔ながらの手法や測定値に設定されてはいない。神経過敏で、飽きっぽくて、異常なほどテンションが高くてエネルギッシュなあなた。長期的な持続力はないけど、集中力は抜群。

もちろん、こういうことをそのまま履歴書に「特技」として書くわけにはいかないけど、あなたの性格は、ペースが早くて緊迫したプロジェクトに向いてることは間違いない。これからあなたは、プロジェクトからプロジェクトへと渡り歩くことになるだろうけど、楽しくておもしろい仕事を次々と手がけていくことで、本に書いてあった「こつこつとひとつの仕事を続けていく」というアドバイスと同じくらい、結局はしっかりしたキャリアを築けるわ。だから、あなた独自のキャリアプランをつくること。必然的に、あなたのキャリアにはいつまでにどうこうという「スケジュール」はないということになるはず。自分なりのペースで動きなさい。

そして、どんな状況にあっても、人生で忘れてはいけないもっと大事なこと、それは、自分に与えられた能力に感謝して、自分の直感に従うこと。今までやったことがないからといって、できないと決めつけない。どんなことでも学べるし、自分でできなければエキスパートを雇えばいい。素晴らしい家柄だとか生まれながらの天才だとかいうことは、仕事に対するモラルや常識に代われるものじゃない。あなたには、そういうモラルや常識があるの。

それとは反対に、どんなに勤勉に働こうが、どんな専門知識を身につけようが、「向いてない」ものはどうしようもない。もしあなたが本能的に「この職場はまるで天国のようだけど、でも何かがおかしい」と感じたら、きっと何かしら問題があるはず。たとえイライラの原因がはっきりわからなくても、不安にかられたり、常に不快だったりしたら、その感覚を無視しないこと。たとえ

「完璧」と思える仕事であっても、日々の仕事の中では完璧といえない理由はいくらでもあるものよ。結局、毎日のそういう小さなことこそが人生ってものだから。自分が何に関心があるかだとか、同僚について、何かしら見誤っているのかもしれない。

何日か調子のよくない日が続いたってだけで、荷物をまとめて辞めてしまえっていってるんじゃないのよ。自爆するほど事が大きくならないように、どうってことない小さな不満をあなどるなということ。逆に、一見バカみたいだったり、お笑いぐさだったり、どう見たって不可能だと思えるプロジェクトでも、もし直感的に惹かれたらじっくりと観察すること。いいときにも悪いときにも、あなたの直感は素早くその本質を嗅ぎあてて、道を示してくれるから。

もっと具体的なルールが必要な人も多いけど、あなたの場合は、40歳近くなっても、いいえ、50歳に手が届きそうになっても、大きくなったら何になろうかと迷っていたとしても、不安がる必要はないからね！　自信を持って、自分を信じて、あきらめないでがんばりとおすのよ。

愛を込めて。メアリー

ヘザー・ミルズ・マッカートニー
Heather Mills McCartney
活動家

「ノーといえるようになりなさい」

ビートルズのキュートなひとりと結婚した女性——ヘザー・ミルズ・マッカートニーについて、このことしか知らないとしたら、彼女の社会奉仕活動についても、どうせセレブにありがちな気まぐれで薄っぺらで長続きしないものだろうと、簡単に片づけてしまうかもしれない。

しかし、この手紙でもおわかりになるとおり、彼女の、どんなことをしてでも人を助けたいという想いは、子どもの頃からすでに彼女の心にしっかりと刻み込まれたものだ。

ヘザーが9歳のときに両親が離婚、とり残されたヘザーは、兄シェイン、妹フィオナとともに、独裁的な父親から罵詈雑言《ばりぞうごん》と虐待を受けることになった。10代になって、父親が刑務所に入れられると、ロンドンで母親と暮らしはじめたが、その母の家もすぐに出てしまった。

それからの数年は、カーニバルで掃除婦や乗り物のオペレーターをしたり、宝石店やワインバー、日焼けサロンなどで働き、職を転々とした。一時はウォータールー・ブリッジの下に寝泊まりしていたことさえある。

幼いうちから過酷な人生を歩んだことによって、自分自身の手で成功を勝ちとってみせるというヘザーの気持ちに火がついた。モデル業をこなしながら2つの商品の販売を始め、そこから小さな会社を興し、後にこの会社を売却して利益を得た。1989年に21歳で最初の結婚をした後は、モデルとカメラマンのマネジメントを手がけるエイジェンシーを成功させ、これも後に売却した。

このように着々と地歩を固める一方で、貧しい人々、虐待にあっている人々、困窮する人々に出会うたびに手を差しのべた。「私は、道を歩いていて困った人を見かけたら助けに駆け寄る人間です。そうしなきゃならないんです」とヘザーはいう。

数年で離婚した後は、ユーゴスラビア北部（現在のスロベニア）に移住したが、そこは1991年の内乱でずたずたに引き裂かれた状態だった。その惨状を目のあたりにしたヘザーは、避難民収容所、病院、戦争犠牲者の収容施設等に寄付するためにモデルの仕事をし、結局ロンドンに舞い戻ることになった。

そして、1993年のある夏の日、警察のバイクに激突されたヘザーは、肋骨骨折、肺の破裂、骨盤破砕、そして左足の膝から下を失うほどの大ケガを負った。左足の傷は治りが遅く、改めてもう数インチ切り直すため再手術を受けなければならなかった。ついに傷が癒えたとき、ヘザーは、いかにも彼女らしく、この逆境は、手足を切断した人々、とくに地雷や戦争の犠牲になった人たちに義足を提供しなさいという神の思し召しだと思い、そうした活動に尽力する決意を固めた。

その活動のおかげで、大人も子どもも含めて世界中で何千という人々が救われた。そして、ヘザーが次に地雷除去活動キャンペーンを展開することにもつながっていった。

1996年には、クロアチアおよびカンボジアのプノンペンでの活動成果によって、ノーベル賞候補にもノミネートされた。その他にも、数々の賞を受賞。ヘザーは夫のポール・マッカートニーとともに、世界中から地雷をなくすために資金を集めることを目的とする地雷撲滅活動団体「Adopt-A-Minefield」を支援している。

次の手紙は、17歳から20歳の頃の自分に宛てて書かれたものだ。

†

Hへ

ノーといえるようになりなさい。子どもの頃、母さんがあなたを捨てて出ていって、父さんがすべてを牛耳り、虐待されるようになった。あのときから、あなたは自分に、自分の出会う恵まれない人たち全員を「救う」という使命を課してきたわね。

学校でいじめられてたニキビ面のティーンエイジャーを救おうと、乱闘の中に飛び込んで、あなたのほうが停学をくらったこともある。街を歩いていても、ひどい虐待を受けた子連れの女の人を見ると、何度となく助けてきた。でも、そういう人は決して夫と別れようとはしなかった。

あなたの、どんなことをしても他人を助けなければいられないという気持ちは、胃の奥から突き上げてくるような感覚だということは知ってるわ。人を助けるのはいいことよ――とても大事なこと――でも、そのためにあなたはどれだけの犠牲を払うの？　そのたびに、家族や友達と、何時間も、何日も、何週間も離ればなれになるのよ。

バランスをとらなくちゃ。誰に対してイエスというか、誰に対してノーというかを選ぶのよ。自分を完全に明け渡ししてしまうなんて、あなた自身にも家族にもよくないことよ。

誰かを助けたいという衝動や情熱は、絶対になくしてはいけない。でも、助けを必要としている人以上に、どんなときも自分の家族を大事にしなくちゃ。その人を一度助けてあげるのはいい、二度助けてあげるのもいいかもしれない。でも、その人に家をすべて明け渡して、家族全員の生活をかき乱してはいけない。

今やっていることは続けてね。それで少しでも世の中がよくなるのだから。でも同時に、助けを必要としている人たちは、自分で困難を切り抜ける方法を学ばなきゃならないってことも忘れないで。あなたの、いかにも何でもわかってますという態度を不快に思う人だっているかもしれない。今日は彼らの役に立ったとしても、明日には「あの偉そうな女」といわれることだってあるのよ。

だから、ときにはノーといえるようになりなさい。ある程度の期間は人に力を貸さなければならないけど、もしその人たちがただひたすらあなたから吸い取っていくだけなら、そんな吸血鬼は追い払ってしまいなさい。

彼らの救い主になるのはやめて、自分自身を救いなさい。つりあいを保つ、それが人生のすべてよ。

愛を込めて。あなた自身より

トリッシュ・マケヴォイ
Trish McEvoy
メイクアップ・アーティスト／
トリッシュ・マケヴォイ社創立者

「人生で一番大事なのは、時間と人」

ニューヨーク五番街にあるトリッシュ・マケヴォイのアパートメントのクリスマスは、ちまたの緑と赤だらけの大騒ぎとは似ても似つかない。

12月の終わり、彼女の自宅のアパートメントを訪ねた。エレベーターを下りると、アパートメントの他の箇所同様、そこはクリーム色の天井飾り、天井じゃばら、木目細工で惜しみなく豪華に縁飾りされた広い玄関ロビー。続くリビングとシッティングルームは、バラ色と象牙色にあふれ、朝の9時からトリッシュ・マケヴォイ社製のキャンドルが放つ芳香に包まれている。リビングの壁のくぼみには、あふれんばかりにふんだんに飾られた、白百合と緑の草木。白とクリーム色に統一されたクリスマス飾りにおおわれた2メートルもの高さの常緑樹が、すっかり葉を落としたセントラルパークの木々を見下ろしている。

この空間に身を置いていると、せわしない日々にささくれた気持ちも落ち着きを取り戻す。キューティという名前のマルチーズが、さも重大なことだといいたげに吠えて、客を椅子に座らせると、マケヴォィイ社長が軽やかな足取りで現れる。

55歳。アメリカとヨーロッパで220店舗以上を展開する化粧品とトイレタリーメーカー、トリッシュ・マケヴォィイ社のオーナー社長は、子ども服を着てもおかしくないほど小柄だ。あまりに小さいので、話の最中にも時おりジーンズのすそをぐいっと引き上げなければならないほどだ。まったくのノーメークに見えるが、実はそうでないことを後で教えてくれた。生き生きした顔色。これほど美しく優雅な見かけの下には、どこかにきっと欠点が隠れているに違いない、そう私は思った。

だがものの数分も経たずに、トリッシュはそんな意地悪な考えを払いのけてしまった。伊達や酔狂でお客たちが30年以上にもわたって、ぜひ彼女に定期的にメーキャップをしてほしいと引きも切らず頼みつづけてくるはずがない。素直で気どらないマケヴォィイ社長は、仕事がらみであろうがなかろうが友達にならずにはいられない資質を備えている。だからこそ、1970年代に彼女が化粧品販売を始めた当初、自宅でハウスパーティを開いて支援してくれた何百人という女性の多くが、いまだに彼女とつきあいを保っている。

皮膚科医の夫ロン・シャーマンとの結婚生活も、もう25年になる。1978年、彼とともにニューヨークでドクター・ロナルド・シャーマン／トリッシュ・マケヴォイ・スキンケアセンターを開いたのが、すべての始まりだった。「人とのおつきあいはできるだけ長くあるべきだって思ってるんですよ」とマケヴォイ社長はいう。

この手紙は、その中でも誰よりも長く、深いつきあいについて書かれたものだ——2004年5月、96歳で亡くなった素晴らしい義母、サイデル・シャーマンのことだ。マケヴォイ社長が親しみを込めてシドと呼んでいた義母は、亡くなるときまで誰の助けも借りずにひとり暮らしを通していた。歩行器を使ったこともなく、常に一糸乱れぬ完璧な装いを貫いた。「私にとって、シドは完璧な人でした。完全に自立していて。子どもたちのために生涯を捧げた人で、私のことも実の子どもの一員にしてくれたんですよ」。

五番街にあるシドのアパートメントは、ドクター・ロナルド・シャーマン／トリッシュ・マケヴォイ・スキンケアセンターと同じビルの中にあった。だからマケヴォイ社長は夫とともに、仕事が終わるとしょっちゅうシドの部屋を訪ねた。日中もひんぱんに顔を出した。

夏の週末、3人はよく連れだって、夫妻の持っているサザンプトンの別荘に行った。シドは、ロバーツという地元のレストランでのディナーがお気に入りで、決まってそこに腰を落ち着けるのだった。「若い頃のシドは、社交界の記事を読むのが楽しみだったみたいだけど、晩年になっても最新ニュースには相変わらず興味を持っていたんです。あのレストランにいくと、新聞に出ているいろんな人をじかに見られますからね。そういう人を見つけた日には、それはもう大喜びでした」とマケヴォイ社長は振り返る。

2003年には、同居してもらえるよう自宅のベッドルームとバスルームを改装した。リフォームした部屋を見たシドは、「素敵ね」とはいってくれたものの、たった一晩か二晩でもいいから泊まってと繰り返し誘っても、どうしても首を縦には振らなかった。

2004年のある春の日、マケヴォイ社長はふと、いつものエクササイズ教室を休んで、義母の部屋に顔を出してみた。シドの具合はよくなかった。「うちにいらっしゃればいいのに、っていってみたんです。そしたら、じゃあ今晩は泊めてもらおうかしら、って。その瞬間、遠からずお別れのときがくるのがわかったんです――シドも知ってたんですね」。

翌日、シドはこの世を去った。トリッシュの手紙はシドが亡くなる前年の自分に宛てたものだ。

†

トリッシュへ

あなたはシドのことが大好きね。30年もの間、お日様のような彼女の愛情に包まれて、もうなくてはならない存在になってしまったのよね。

シドは、結婚するまで4人の妹たちの面倒をみて、結婚後は自分の家族の面倒をみてきた。あなたもずいぶん長い間その中に入れてもらったわね。

シドは、大切な人のじゃまにならないように見守るコツを知っている。口を出さず、決して人を批判しない。何をいうべきで、何はいうべきではないかをちゃんとわかってる。あなたが誰かのことを批判したりすると、「あの人たちの身になって考えてあげましょうよ」とおだやかにいう。

もうずいぶん長い時間、シドと一緒に過ごしたわね——あるときはシドのアパートで、あるときはロングアイランドで、ときには公園のベンチで芸術家や絵描きの仕事をただ眺めながら。

「なんでこんなおばあさんと一緒にいたいの?」ってシドは聞く。あなたはシドの人生や考え方についてたくさん質問してきた。「戦争のせいで人生はどんなふうに変わった?」「デートに行くのを許されたのはいくつのとき?」「どうやって子どもたちにピアノを習わせたの?」。するとシドは答える。「そんなこと聞かないでちょうだい。そんなこと聞いたってしょうがないでしょう」。

もちろん、しょうがなくなんかない——それどころか、とても意味のあることなの。人生で一番大事なのは、時間と人。何をして過ごすか、誰と過ごすか。こうして過ぎていく一瞬一瞬は、二度と取り戻すことができない。生き直すことも、やり直すこともできないの。それはあなたもよく知ってるわね、トリッシュ。でも今のあなたは、そのことを骨身にしみて思い知ってはいない。これから1年後のあなたほどには。

シドに聞きつづけるのよ。もっとたくさん質問するの。あなたが知る前の彼女について。少女時代のこと、自分の家族を持ったときのこと、子どもたちを育てているときのことを。そして、もっとたくさん彼女と過ごしなさい。もうじき、もうこれ以上シドについて知ることはできなくなってしまう。今、チャンスのあるうちに聞いておけば、彼女との豊かな関係をもっと豊かに深めることができるわ。

それからね、何もしなくていいから、ただシドともっと一緒にいなさい。そうしておかないと、いつか彼女とお別れしたとき、たったひとりで誰もいない部屋にずっと座っていたんだと思って、死ぬほどつらい思いをするから。

あの強くて活動的で素晴らしい女性は、もうじき、散歩に出かけたり、公園に行くこともできなくなってしまう。肺の病気のせいですっかり弱ってしまうの。シドが昼間TVを観ないのは知ってるでしょう。それにお昼寝もしない、二度と目覚めないかもしれないことを恐れているからよ。だからたったひとり、座って伝記を読んでいる。

シドと一緒に過ごすのは義務じゃない。ただ一緒にいることがうれしいのよね。だから、今よりもっと一緒に過ごして。今よりもっと、シドと一緒にいられる喜びを自分に与えるのよ。

あなたは、義妹が初孫のアマンダに夢中になって、人生がアマンダ一色になっているのを見て、シドの「どうしてこんなおばあさんと一緒にいたいの」に対する答えを思いついて言ってみた。「だって、あなたは私のアマンダなんですもの」。

いつか、自分の思いを打ち明けておいて本当によかったと思うときがくるわ。

あなたは本当の意味でシドの娘だった。

あなたがどんなに彼女を好きか、そのことをシドが知らなかったんじゃないかって心配する必要は、もうないのよ。

愛を込めて。トリッシュ

シャノン・ミラー
Shannon Miller
オリンピック代表体操選手

「人は間違いからも学べる」

1992年、バルセロナオリンピックに出場したどのアメリカ選手よりもたくさんのメダルに輝いたのは、15歳の女子体操選手シャノン・ミラーだった。このとき手にしたメダルの数は5個。それから4年後のアトランタオリンピックでも、すでに全盛期は過ぎたのではないかという下馬評をくつがえし、シャノンはアメリカ女子体操界に平均台で初めての金メダルをもたらし、またアメリカ女子チームの総合金メダル獲得に貢献して世間をあっといわせた。

トータルで、オリンピックで7個、世界選手権で9個のメダルを手にしたシャノンは、男女を問わず、今なおアメリカ体操界でもっとも多くのメダルを獲得した選手である。

長年にわたって世間の注目を集めていたシャノンだが、1996年のシーズン直後、彼女への熱狂的関心はまさに絶頂を極めた。だがその一方で、シャノンはうつろな気持ちを味わっていた。

「次の目標を達成しなければならないような気がしたんです。何か大きなことをしなくちゃいけないんだって」。現在法律の学位を目指してボストン大学に学んでいるシャロンは、ボストンからの電話で、そう当時の思い出を語った。

次にも何か並はずれたことをしなければというプレッシャーは、オリンピック後のツアーの間中、ずっと彼女につきまとっていた。ある事務用品店にしつらえられたデスクでサインに応じている間、つめかけたファンのほとんど全員に、次は何をするのかと聞かれたような気がするという。「そう聞かれつづけているうちに、どんどん落ち込んでいっちゃったんです、だって自分自身わからないんですから。どんなふうに答えたら、みんなが納得してくれるんだろうってずっと思ってました」。

そんな中、ついに彼女は次に達成すべきビッグな計画を思いつく――結婚だった。しかし、今ではそれは間違いだったと思っている。

これは29歳になったシャノンが、1996年のオリンピック直後の19歳から、結婚した22歳の頃までの自分に宛てて書いた手紙である。

†

シャノン

1週間に40時間も自由時間があることにおびえているあなた。秒刻みのスケジュールに縛られることに慣れきっているから、何もしないでいる方法も、どうやって時間をつぶしたらいいのかもわからない。

その理由は簡単。あなたはシャノン・ミラーが何者なのかを本当は知らないからよ——何が好きなのか、何が嫌いなのか、何を大事にしているのか。

もちろん、あなたの人生のすべてを築いた情熱が何かは知ってるわね。そう、体操よ。でも、15歳で初めてメダルをとってからは、体操によってまったく次元の違う完璧さを要求されるようになった。みんながあなたのいうことに耳を傾け、あなたの一挙手一投足に注目している。みんなのいいお手本になりたかったし、非の打ちどころのない自分を期待されていると思った。

でも、ほんとのことをいうと、行きすぎだったね。あなたは間違ったことをいうのを恐れ、誰かを傷つけることを恐れ、自分の意見を口に出すことを恐れるようになった。みんなの期待をあまりにも重く受けとめすぎて、間違いを犯すことを自分に禁じてしまった。

でもね、人は間違いからも学べるものよ。ねえシャノン、みんなの期待どおりの自分になるだけじゃなくて、ひとりの人間として、自分がどんな人間なのか考えてごらん。

あなたは次のビッグな何かを探しあぐねて、人生で自分が何をしたいかもわからないままに、若すぎる結婚をしてしまうことになる。そして、結婚するということは、体操への情熱を捨て去ることだと思い込んでしまう。体操なんて子どもっぽいおもちゃみたいなものとでもいうように。でも、毎朝目を覚ますたびに、ちっとも幸せじゃない自分に気づく。そして、幸せを感じるためには何が必要かを考えはじめる。

幸せを感じる方法の中には、あなたがこれまでまったく知らなかったこともある。

たとえば窓辺に座って空から落ちてくる雪をじっと見ていること。たとえば犬と遊ぶこと。

いつも次のゴールを目指してびっしりスケジュールが埋まっていたあなたは、今過ぎていくこのときを楽しむのを忘れている。でも、人生で何が幸せかってことも、これからはきっとわかるようになる。

たとえば家族と一緒にいること、たとえば体操を人生の友として大事にしておくこと。

今までとは違う人生になったからといって、これまで深い情熱を傾けたものまで変えることはないんだよ。

愛を込めて。シャノン

シェリー・モリソン
Shelly Morrison
女優

「人生は、そのときにわかっていることだけしかわからない」

シェリー・モリソンの一番の当たり役のひとつは、NBCのヒットTVドラマ『ふたりは友達? ウィル&グレイス』のロザリオ・サラザールだろう。ロザリオは石頭のエル・サルバドル人メイド。雇い主カレン・ウォーカーのぱんぱんにふくらんだ優越感を、いつも痛烈に批判する。

当初この役は、たった一度のエピソードに登場するだけの予定だったのだが、ポーカーフェイスを貫く名演技で、シェリーはレギュラーの座を射止めた。

現在69歳のシェリーの女優歴は40年以上。これまで数多くの舞台に出演し、150本を超えるTV番組にゲスト出演、映画作品も15作にのぼる。

中年以上のTVファンなら、1960年代のシリーズ『いたずら天使』でサリー・フィールズのむこうを張ったシスター・シックストゥの彼女をご記憶かもしれない。このシリーズは成功を収めたが、この頃、私生活でのシェリーは、父の病、そして死と、人生でももっともつらい時期を過ごしていた。

1967年、『いたずら天使』のパイロット版の撮影を終え、その反応を待っているときに、父のモリス・ミトラーニが数回にわたる軽い脳卒中を起こし、そのうちの一度によって入院を余儀なくされた。さまざまな検査の後、今度は重篤な脳卒中を起こし、二度と起き上がれなくなってしまった。

父を介護する母を手伝うため、シェリーは実家に戻った。この日から彼女が一家の大黒柱として、経済的にも日々の生活面でも、この危機を切り抜けなければならなくなった。

父がロサンジェルスのミッドウェイ・ホスピタルに入院していた10ヶ月の間、シェリーは、毎朝6時に母デナを連れて病院に行き、7時に仕事場入り、お昼に病院に行き、また仕事場に戻り、夜8時頃に再び病院へ、という生活を続けた。

病室では彼女と母の二人がかりで父を風呂に入れ、ひげを剃った。人手不足の病院で、30分おきに父の姿勢を変えてもらうため、看護婦たちに商品券を渡した。そして真夜中まで病院で過ごしてから、家に帰って家事雑事をこなした。

「ほとんど眠らないまま朝を迎えて、また同じことの繰り返しでした」。『いたずら天使』の収録が始まった頃のことを、シェリーはそう振り返る。「ありがたいことに、台詞覚えは早かったんですよ！　いつ台詞を覚えたかって？　メーキャップの間よ」。

しかし、そんな献身的な介護の甲斐もなく、1968年、シェリーが30歳のときに父は肺炎でこの世を去り、彼女は深い罪悪感を感じた。「父が亡くなった後、その事実を受け入れるまでにずいぶん時間がかかりました。本当に、自分にできることは何でもやったのか？　って自分を責めつづけたんです」。これはそんな悲しみにうちひしがれていた若い頃の自分に宛てた手紙である。

†

レイチェリカへ

お父さんは、あなたの支えだった。信じられないほど素晴らしい、優しい人

だった。お父さんが死んだことで、あなたは今、激しい罪悪感にさいなまれているけれど、それは理由のないことよ。よく考えてごらん——新しい番組は始まったばかり、お父さんと叔母さんたち、それにお母さんの面倒をみながら、医療費をすべてちゃんとまかなってきたじゃないの。

でも、筋道立てて議論したところで、あなたの罪悪感は消えないわね。じゃあ、こういったらどうかしら。人生は、そのときにわかっていることだけしかわからない。これから何が起きるかまったくわからなかった自分に対して、後から、あのときこうすればよかった、ああすればよかった、なんて責めることはできないのよ。

それにあなた、ずいぶんひどい関係にもはまっているのね。『日曜日は別れの時』って映画の中に、こんな素敵な台詞があるのを知ってる？「何もないほうが、何か持っているよりもいいときだってある」。この言葉は、あなたが今つきあってる男性の場合真実よ。お父さんが逝ってしまった今、あなたが一家を率いていかなきゃならないのよ。さあ、しっかりして、自分に誇りを持ちなさい。

心配しないで、助けてくれる人がちゃんと見つかるから。いいセラピストが見つかって、すごく助けになってくれる。今は一生忘れられないほど悲しい時期だけど、誰かに話をすることだけでも救われるはず。書くことも気持ちを解放する役に立つわ――いわばこれは「悪い血を出すことによる治療」よ。

シェリー、あなたには守り神がついている。本当よ。だから遠慮せずに助けを求めなさい。ほんとは、彼らもあなたを助けたいと思ってるの。あなたに幸せでいてほしい、十分に働き、この世を去るときには、生まれたときよりも少しでもいい世界から旅立ってほしいと願っているのよ。

祈りと愛を込めて。シェリー

マリリン・カールソン・ネルソン
Marilyn Carlson Nelson
カールソン・カンパニーズCEO

「あまりにもバランスが悪いと感じたら、
人生を変えなさい」

女相続人といえば、たいていはちっちゃな犬を抱いていて、甘やかされて育ち、頭の中は空っぽ、といったイメージを持ってしまいがちだが、マリリン・カールソン・ネルソンは、そんなお決まりの先入観をやすやすと打ち砕いてしまう。マリリンの父は、旅行代理店とホテルチェーンの国際的巨大企業グループの創業者であるカーティス・L・カールソンである。

22歳までに、スミス・カレッジを卒業し、パリのソルボンヌ大学とジュネーヴの高等経済政治大学でも学んだマリリンは、証券会社ペイン・ウェバー社で証券アナリストとして働きはじめた。その後、30代後半から40代初めにかけては、地域社会のための活動に参加してリーダーシップを磨き、非営利団体間に募金を分配する組織「ユナイテッド・ウェイ」のミネアポリス支部長に就任した。また1992年には、スーパーボウルをミネソタに誘致する準備委員会の委員長も務め、無事その重責を果たした。

父の跡を継いでカールソンのCEOに就任する前年の1997〜2004年にかけて、この株式非公開企業の売上は、カールソンブランド全体で30パーセント伸びて261億ドルになった。これは、世界各国の株式公開優良企業をリストアップした2005年度「フォーチュン500」78位のフェデックスすら超える額である。

こうした輝かしい歩みを見ると、ひとつのほころびもない順風満帆《じゅんぷうまんぱん》な人生に見える。しかし、3人の子どもを生み、4人目の妊娠を知ったとき、多くの母親と同じように、マリリンの心は大きく揺れた。外科医の夫は、彼女が仕事を辞めて家庭に入り、子どもたちと過ごすことを望んだ

当時を振り返ってマリリンはいう。「あの頃、どうしてもどちらかを選ばなければならなくなって、感情的になってしまったこともありました。でも結局、できるかぎりよい親であろうとすれば、家に入るほうがいいと悟ったのです」。

67歳になったマリリンは、この選択をした直後の、まだそれがどういう結果をもたらすか不安だった28歳の自分に対して手紙を書いた。

今、彼女の4人の子どもたちのうち、ダイアナ、ウェンディ、カーティスの3人はすでに成人した。だがジュリエットだけは、大学生だった1985年、自動車事故で亡くなった。

「わずか19歳の娘に死なれてしまったショックから、なんとか立ち直ろうとしているとき、せめてもの慰めは、それまで娘と長い時間を一緒に過ごしてきたことでした。何よりも家族を優先しようという私の決断が正しかったことが、こんな悲しい、胸を打つような形で証明されたのです」

†

マリリンへ
あなたは、この世のありったけの可能性をひとつ残らず実現せんとばかりに、大きな野心を抱いている。まず母親になりたい。子どもはぴったり4人ほしい。政治的指導者か外交官にもなりたい。コミュニティのリーダーも務めたいし、

いつかは家業のカールソン・カンパニー社でも重要な責務を果たしてみたい。

あなたを知る人たちは、どうしてあなたがこんなことすべてを実現できると思っているのか、不思議がっているわ。たった一度の人生の中にこんなたくさんの夢を全部つめこんで、どうやって折り合いをつけるのかって。

あなたは自分にできないはずがないと思っている。だからこそ、すべての夢をいっぺんに実現できないことにいらだちを感じることがある。現実というものが、夢の大敵になり得ることにあなたは気づいた。もしかしたらあきらめなきゃならない夢もいくつかはあるのかもしれない。

家庭に入ると決めたのは、もしかしたらあきらめだったのかもしれない。でも心の奥底では、4番目の子を妊娠した今、仕事を辞めるのは正しい決断だったとわかっているでしょ。それなら、家にいて家族を一番大事にすると決めたのに、仕事の刺激や興奮を恋しがって時間をむだにするのはおやめなさい。

ちょっとテストをしてみるわね。自分にこう聞いてみてちょうだい。

この人生でやり遂げることができなかったとき、あなたが一番後悔することは何？

今この瞬間、あなたにとって一番大事なのは、家庭にいることでしょう？よくいうじゃないの、肝心なのは、一番大切なことを何よりも大事にすることって。そうでしょ？　だからあなたもそうなさい。

いいことを教えてあげましょう。家にいる間に、たとえば人種的平等だとか子どもの教育とか、あなたが一番大事だと思っていて、なおかつ地域にとっても本当にプラスになるようなボランティア活動をするの。会社で唯々諾々《いいだくだく》と出世を待つよりも、ずっと人目にふれることになるわ。

もう少ししたら、あなたも次の夢に進むときがくる。今になってわかるのは、女性は望むことのほとんどすべてを叶えられる、でも毎日すべてが叶うわけではないということ。たぶん順番が必要だということね。

もしあなたがそうしたいのなら、今でもカールソン・カンパニーの重役になれるのよ。でも、もしそうすることを選んだら、オリンピックさながらの世界での戦いが待っていることを忘れないでね。オリンピックのためにひたすらトレーニングする選手と同じで、あなたも仕事と人生のバランスをとるなんてことは期待できないわよ。

そして、自分が選んだ道だということをいつも忘れないで。誰かのせいにしてはだめ。責任はすべてあなた自身にあるのよ。もしあまりにもバランスが悪いと感じたら、人生を変えなさい。

あなたには、政治への野心もあったわね？　そうね、いつか知事か上院議員への出馬を要請されることになるわ。なるほど知事や上院議員になるのも素敵かもしれない。

でも自分が心からやりたいのは、実は知事や上院議員の仕事ではないことに気づくでしょう。こんなことをいいたくはないんだけど、そういう仕事をやれるほどあなたは辛抱強くはない。だから、格好のいい肩書きを振りまわすより、出馬を辞退することになるわ。

もし、社会に影響を与えて、世の中を大いによくするというのがあなたの本当の希望なら、この決断を後悔することは絶対にないはずよ。人生のそれぞれの時期を、自分の願いを叶えるチャンスのときだと思えれば、あなたはもっと能力を発揮し、評判も高まる。そして、夢にも思わなかったような素晴らしいチャンスが自然と姿を現すようになる。

だからねえマリリン、結局あなたの夢は、肩書きでも地位でもない、妻であることでもなければ母になることでさえない。

あなたの本当の夢は、目的意識と情熱にあふれ、常に世の中をよりよくしようという決意に満ちたあなたという人生を、完全に生き切ることなのよ。

その夢を羽ばたかせて。

マリリン

イングリッド・ニューカーク

Ingrid Newkirk

動物の倫理的扱いを求める人々の会創設者

「あなたは自分の心の声に従った」

挑戦的な戦術を得意とする「動物の倫理的扱いを求める人々の会（PETA）」を知らない人はいないだろう。

KFCに対する最近の世界的キャンペーンでは、作り物のニワトリが喉を切り裂かれてニセの血を流すというディスプレイに、「カーネル・サンダースの秘密のレシピ――生きたまま熱湯につけられ、激痛もおかまいなしにくちばしをもがれ、足を切られたニワトリ」という文句が添えられている。

だから、イングリッド・ニューカークに会うことになったとき、さぞかし辛辣《しんらつ》で怒りに燃えた女性が現れるのだろうと心して出かけた。イングリッドはイギリス生まれの56歳、1980年にこの非営利団体を共同創設して以来、ずっと会長を務めてきた女性だ。ところが目の前に現れたのは、すらりと背が高く、いたずらっぽい表情をしたごく控えめな女性だった。

パステルピンクのセーターにスカーフというういでたちのイングリッドは、しかし大義について語りはじめると、やはり情熱的だ。台湾では、大きなケージに入れられ、そのケージごとプールに沈めて殺される瞬間の犬たちの表情を見たという。「どんな生き物だって死にたくないですよ。でも、こんなことが彼らに起きてるってことを誰も知らないんです。犬たちはものすごくおびえていました。恐怖に満ちた目をして。ニワトリだって叫ぶんです。悲しい声で泣く犬もいます。恐怖に目を大きく見開いて」。彼女のささやくような声は悲痛に震えた。

動物の感情に心を奪われるようになったのは、5歳の頃にまでさかのぼる。両親とともに、フランスで休暇を過ごしていたときのことだ。航海技師だった父は、ペルピニャンやカルカッソンヌといった南フランス中の町にレーダー基地を建築する仕事をしていた。この時期は、彼女の生涯で一番楽しかった思い出として心に残っている。両親は彼女もフランスに連れていくことにしたので、コーンウォールの学校を休み、ふだんは仕事で家にいないことの多かった父と一緒に過ごすことができたからだ。「町に入っていくときのことを覚えています。すごくたくさん機材を持ち込むので、父はトラック軍団を指揮していたんです。轟音《ごうおん》を立てて何台ものトラックが小さな町を走っていくのを見ようと町中の人たちが出てくるんです。パレードみたいでしたね。それからたいてい市長さんとランチを食べに行きました」。

この旅の間、イングリッドは生まれて初めて父にフランス語を教わった。「お願いします」「ありがとう」「アイスクリームをください」……。この旅では一家の飼っていたショーニーというアイリッシュ・セッター犬も一緒だった。ひとりっ子のイングリッドにとって、ショーニーは兄弟のような存在だったが、他のどんな動物にも強い親近感を持っていた彼女は、ショーニー以外にもニワトリや猫、他の犬やホロホロ鳥、滞在した町の子どもたちとも仲よく遊んだ。

こんな楽しい休暇を過ごしていたある日のこと、家族で泊まっていたバンガローの周辺を散歩していたイングリッドは、男がニワトリの頭を切り落としているところを見てしまった。それは、それまで彼女が一緒に遊んでいたニワトリだった。「ものすごいショックでした。それまではどうやって料理をつくるかなんて考えたこともなかったので。本当に打ちのめされました。泣いて泣いて、どうしても泣きやまない私を、母が慰めてくれたのを覚えています」。

同じ日だったか翌日だったかは覚えていないが、その直後、母親が車で町に連れていってくれた。そのとき、車窓から外を眺めていたイングリッドは、車とスクーターがぶつかり、スクーターに乗っていた女性が舗道に叩きつけられるのを見てしまった。「その2つがほとんど同時に起きたんですから、もちろん恐ろしいほどショックを受けました。もうお肉は絶対に食べない、って自分に誓ったんです。ベジタリアンになろうと試みたのはこれが最初でした」。

それから数日間は、その試みは成功した。何ひとつ口にしなかったのだから。しかし、何も食べない娘を心配した母親が、徐々に「ふつうの」食事に戻るよう彼女を説きふせた。それでもやはり、肉を食べることには抵抗があったという。

この手紙は、その頃の5歳の自分に宛てたものである。

†

――イングリッドへ――

あなたが今感じているのは正しいことよ。動物を食べたくないのよね、食べちゃいけないと思っているのよね。だって動物はお友達なんだから。あなたはいいお友達でいたいんだから。

あんなに楽しかったお休みの後で、今は本当にひどい気分でしょ。でも、思ったとおりにできなかったからって、がっかりすることはないのよ。あなたくらいの歳の子どもが、お母さんの考えを変えさせるのは、とてもたいへん。お母さんは、あなたに一番いいことをしているつもりだから。

でも、あなたは今回のことでとても大切なことを覚えたわ。それは、自分の心の声に従う、ということ。自分が何かよくないことをしているように思えるとき——そういうことはしたくないと思うとき——あなたにそれをさせようとしている人には、こんなふうにいうのよ。

「私が決めたことを、きちんと守れるように手伝ってくれる？　たとえ世界中の教えが、それは間違っているといったとしても、お願いだから、私の決めたことを変えさせないで。からかったり、気持ちを変えさせようとしたり、だましたり、誘ったり、おどかしたりして、私が考えていることを忘れさせようとしないで」

何年も後になって、あなたが21歳になったとき、あなたはもう一回お肉を食べないと決心するでしょう。動物たちが、まるで工場みたいな農場でひどい扱いを受けていることを知るからよ。

でもあなたと一緒に暮らしている男の人は、ベジタリアンになろうとしてるあなたをからかうでしょう。すごくおいしそうな匂いのするローストチキンをつくって、あなたに食べさせようとするの。

そのとき、どうすればいいか、もうわかるわね。その人を座らせて、こういうの。「あなたは私を愛しているのよね。愛してるってことは、私を助けてくれるということよね。私が肉を食べないのは、味が嫌いだからじゃない。だから、食べないでいるのはたいへんなの。それでもこう決めたのは、動物たちを大切に思っているからよ。だから食べないの」。これで、うまくいくわ。

尊敬を込めて。イングリッド

ジェーン・ブライアント・クイン
Jane Bryant Quinn
作家／コラムニスト

「子どもたちのことはね、大丈夫よ」

個人資産に関するアドバイスが、本当に役に立つものかどうかを知りたいなら、年月が経ってから振り返って検証してみることだ。たとえば、1990年代のインターネットバブルや、1980年代の不動産共同経営など、過去に流行した投資に関する黄ばんだ雑誌のコラムを眺めてみるといい。そうした助言の中で、今も当時と同じように賢明だと思えるものは、ごくわずかのはずだ。

ジェーン・ブライアント・クインは、そのごくわずかな例外のひとりだ。「ニューズウィーク」誌、「ワシントン・ポスト」紙、「ウィメンズ・デイ」誌に定期的に連載を持つ彼女は、消費者に向けて常に率直なアドバイスをする。それは、今のようにメディアというメディアから投資に関するうるさいさえずりが毎日毎時間垂れ流されるようになるずっと前からのことだ。ジェーンの洞察は、たいていのジャーナリストよりもよほど深く、インチキと見れば外科医よろしく容赦なく切って捨てる。

ベストセラーの大著『Making the Most of Your Money』『Everybody's Money Book』を見ればおわかりのとおり、博学を極めた彼女を讃える長いリストの中には、経済ジャーナリズムにおいて信望のある人物に与えられるジェラルド・ローブ賞の生涯の功績部門、優秀ビジネス部門、金融ジャーナリズム部門で受賞、またナショナル・プレスクラブ賞消費者向けジャーナリズム部門賞を三度受賞という栄誉も含まれる。2006年の著書『Jane Bryant Quinn's Smart and Simple Money Strategies for Busy People（ジェーン・ブライアント・クインの忙しい人々のための賢いシンプルマネー戦略）』では、自分の個人資産をいかに安全に運用しつつ、これからの人生をはつらつと生きていくかを指南している。

「ニューズウィーク」誌で、私はジェーンと一緒に仕事をしていた。だから、その生真面目なコラム同様、ジェーン本人も常に冷静沈着だが、しかし徹頭徹尾のカタブッではないことも知っている。才気煥発な話し上手で、常にあざやかな切り返しを得意とし、ビジネスの場では眼光鋭いオブザーバーでもある。

私生活では、オペラ、交響曲、演劇のファンで、長年ノースウェストチェスター郊外からの通勤を続けてきたが、最近になってニューヨーク市内にアパートメントを購入したばかり。

息子が2人ともティーンエイジャーだった頃の自分に宛てた次の手紙は、親としてもっとも危険な一時期を乗り切る方法について書かれている。

†

ジェーン

子どもたちのことはね、大丈夫よ。ちゃんとした大人になるから。子を持って知る親の苦労——あなたが16歳のとき両親に味わわせた思いを、今度はあなたが味わう番ってことよ。

昔、あなたの彼氏が、ちょっとここには書けないようなことをしたとき、パパがあいつを撃ち殺すって息まいたこと覚えてるでしょ？　自由がどうとか髪型がどうとかいって、ママとケンカばっかりしてたのも忘れたわけじゃないでしょ？　もちろん、息子たちに比べたらあなたなんて天使みたいなものだったけど、それでも、よ。

あの子たちがティーンエイジャーになってからは、もう何の期待もせず、単に無事生きていればいいと思うようになったわね。頭に浮かぶのはいつも同じこと。車をメチャクチャにつぶしてないだろうか、ドラッグをやったり売ったりしていないだろうか。学校を辞めてはいないだろうか、どこかにいなくなってはいないだろうか、お父さんを殴ったりしないだろうか、ここ何年も私のことを嫌ってるんじゃないだろうか？　ずっと嫌われたままなんだろうか？

あなたは自問する。私はダメな親なんだろうか？　あの子たちは悪い子たちなんだろうか？

髪型とかタバコなんてのはまだいいほうよ。息子たちがいつかあてもなくふらふらするのをやめて、ちょっとは落ち着いて、仕事に就いて、自分なりの人生を築いていく、そんなときは果たしてくるんだろうか。あなたは、彼らが崖から落っこちないように、何か自分にできることはないかと必死に探している。

前のように、仲のいい親子に戻れる、そんな日がまたくるのかしら。

正直なところ私は、もし今、あの10代の子育ての頃に時計の針を戻せるっていわれても、断固ご免こうむるわ！　気をゆるめないでよ、もう一度そういう時期があるからね。今すぐじゃないけど――。

ティーンエイジャーの時期って、ゆうに20代半ばまで続くのよ。しかも誤解とケンカのタネは似たり寄ったり。ともあれ息子たちも、いつかは一人前になっていくのよ（あたりまえよね！）。そしていずれは、あなたの不安も治まるときがくる。息子たちが自分で自分の責任をとれるようになったのを見て、あなたは彼らに対して責任を感じなくなっていく。親としてあなたはできるだけのことをしてる。彼らの人生は彼らに任せて、次はあなたが自分の人生を取り戻す番よ。

いつか息子と、この頃のことを笑いながら話せるようにもなるでしょう（まあ、たいていのことはね）。間違いを犯すこともある、心配しすぎたり、コントロールしようとしすぎたり、見たいと願ってたことを2つ3つ見逃したり。だけど、そもそも子どもってものは隠しごとをするものだし、悪賢いものよ。

親に反抗的なあの子たちの心を読むなんて無理。そんな中で、あなたはひとつ正しいことをしてる。それはね、極限状態になると、自分にこういい聞かせてるところ。「私は大人よ、あいつらはまだ子どもじゃないの」。とんでもなく荒れ放題の瞬間、そう自分にいい聞かせることで、少しはバランスのとれた見方を保てるわ。

そして最終的には、きちんとした良心を持った、性格のいい、頼りがいのある幸せな男性を育てあげることになるわ。ああやれやれ！　彼らの人生はあなたのとは違うけど、べつに驚くことはないわ。大人になってしまえば——大丈夫、安心して——また仲のいい家族になれる。信じられないでしょうけど、子どもたちのほうがあなたの面倒をみなきゃと思うようになるのよ！

これも因果はめぐるってやつね。あなたも私も、今のところまだ彼らにさほど迷惑はかけてないけど。そうねぇ、じゃあ私たちもタバコ吸って、耳に刺青《いれずみ》でも入れたほうがいいのかもね。

愛を込めて。ジェーン

フィリシア・ラシャド
Phylicia Rashad
女優

「あなた自身の成長と進歩を、何よりも優先させなければ」

フィリシア・ラシャドは成熟した大人の女性だ。『ビル・コスビー・ショー』のママ、クレア・ハクスタブル役のイメージから、バリバリの豪腕弁護士のような人かと思われがちだが、本人は驚くほど静かで温和な雰囲気を漂わせている。その広くおだやかな額は、気苦労のしわなどまったく寄せつけないように見える。静かな低音の柔らかな声で語る言葉には、愛情がこもっている。まるで森羅万象のつぶやきと、いつでも一体になれるかのようだ。

『ビル・コスビー・ショー』に8年間も出演していたので、舞台での抜群の演技力はなおざりにされがちだった。だから『**A Raisin in the Sun**（黒い一粒のプライド）』

のレナ役での幅広い卓越した演技力を見て驚いた人も多かった。この役でフィリシアは2004年度のトニー賞を受賞している。

実は彼女は筋金入りの舞台人である。ブロードウェイでは『ザ・ウィズ』、『ドリームガールズ』の他、『Everybody's Ruby』『ヴァギナ・モノローグ』『メディア』をはじめとして、オフブロードウェイや各主要都市のリージョナル・シアターにも数多く出演している。

自分の可能性を切り拓くことができたのは、詩人で作家でもある母のおかげだというフィリシアが、自分の可能性を本格的に探求しはじめたのは、ハワード大学を卒業して数ヶ月後、ニューヨークシティに居を移して、女優としての一歩を踏み出したときだった。

貴重な一時期だったが、ニューヨークに住みはじめた当初は、ここに驚くほどのチャンスやさまざまな経験を積む機会がずらりと勢ぞろいしていることには、とくに気づかなかったという。「おもしろいですよね、ああいうチャンスの間をさまよい歩いているというのは。神様の愛はいつもそこにあって、私たちの味方になり、守り、導き、かばってくれているんです。人生には、そういう大きな愛の存在に気づかなければならないときがあって、意識的にそちらに目を向けなければならない、そういうときがあるんです。そうしないと、ただむやみに人生を歩きまわるだけになってしまう」と彼女はいう。しかしこういうものの見方は、宗教や信仰とはまったく関係がないのだと付け加えた。

そんなフィリシアの手紙は、マンハッタンのYWCAで暮らし、友達の輪が広がるのを楽しんでいた21歳の自分に宛てたものだ。

†

フィリシア

あなたは今、もう二度とこない時を過ごしている——人生にこんなときはもう二度とない。だから用心深く、大事に過ごさなくちゃ。恋愛にばかり惑わされていると、本当に目の前にあることが見えなくなってしまうわよ。

本当に目の前にある大切なこと、それはあなた自身よ。あなたはまだ自分のことさえわかっていない。自分が誰なのか。そんなことわかってると思ってるでしょうし、そういいはりたい気持ちはわかるけれど——もう子どもじゃない

んだからって——でも、わかってないの。あなたが想像すらできないようないろんな経験のすべてが、今、あなたの目の前にあるのよ。自分自身を、あなた自身の成長と進歩を、何よりも優先させなければ。

今、何をするかが、これからのあなたにつながっていくのよ。何をするか、どんなふうに考えるか、どんなことをいうか、そのすべてが、あなたの体に刻み込まれるの。24時間、いつもそういうことが起きているのよ。

そうね、もっと大きなメッセージをあげましょう。それは、どんなささいな行動であっても、すべてが記憶としてあなたの中に刻み込まれて、あなたの人生に微妙に影響を与えるということ——いつもそれに気づくとはかぎらないけれど。

そのことをいつも忘れずに、自覚を持って、何をすべきかをちゃんと選んでね。

あなたの成功を期待しているフィリシアより

アン・レインキング
Ann Reinking
ダンサー／振付家

「もうすぐ、ほっとする日がくるよ」

56歳のアン・レインキングは、まるで体中が脚かと見まごうようなスタイルをしている。だから確認してみた。実際には、このダンサー兼振付家の身長は約169センチ、ウェストからかかとまでは約105センチ。つまり下半身は身長の約62パーセントということになる。だいたい平均値だ。
だとすれば『シカゴ』『キャバレー』『ダンシン』『フォッシー』のようなブロードウェイのショーで、あれほど圧倒的な存在感を見せつけるのはなぜだろう？　アンが舞台の上に片足で立ち、もう片方のつま先で天を指しながら、頭を後ろへのけぞらせつつ1000メガワットのまばゆい微笑みを浮かべているところを想像してみてほしい。まるで膝の裏を酷使するこの姿勢が楽しくてたまらない、いつまでだって続けられるといわんばかりだ。

7人きょうだいだったアンは、小学校6年生でダンスを始めた。その後、フォード財団の奨学金でサンフランシスコ・スクール・オブ・バレエに学び、またこれも奨学金を得て、ロバート・ジョフリーのもとでも学んだ。高校を卒業してすぐ、ラジオシティ・ミュージックホールのバレエ団で初仕事、それからは、ブロードウェイのショーやTV、映画へと活動の場をどんどん拡げた。

そして1977年、大アンコールを博したミュージカル『シカゴ』の振付けで、トニー賞、ドラマデスク賞、アステア賞など、さまざまな賞を総なめにした。

今でも振付けと舞台の演出を手がけるアンだが、フロリダ州タンパで開講されているブロードウェイ・シアタープロジェクトのアーティスティック・アドバイザーも務めている。このプロジェクトは、若く才能のある演技者たちが、実際に舞台に立っているプロから直接指導を受けるというもの。「素晴らしいダンサーを育てたいんです。それには、ダンサーとしての心がまえも育てなければなりません。ティーンエイジャーたちが、いかに自分をコントロールし、ストレスに対処するか。他では教えませんけど、本当はそういうことこそが絶対不可欠な要素なんです」とアンはいう。

実は、子どもの頃のアンをゆううつのどん底から救ってくれたのがダンスだった。父親は訪問販売員で、一家は毎年のように引っ越していた。8歳か9歳の頃に住んでいたカリフォルニア州フラートンでは、アンはほとんど友達のいない孤独な少女だった。家族は慰めではあったものの、男兄弟の真ん中にはさまれ、彼女とよりも男同士で遊ぶほうがよいというきょうだいの中で、アンはひとり置き去りにされたような気持ちを味わっていた。

この手紙は、ピーター・パンのような髪型をして、ひとりぼっちで自分の部屋や水泳クラブのプールにいることの多かった、おとなしい女の子に宛てたものだ。

†

友達のアニーへ

今私はあなたと一緒にいるよ。あなたは、自分の隠れ家、ジミー・スミスの水泳クラブのプールで、浮かんだり、ぐるぐるまわったりしてる。ここなら、学校の廊下と違って、「○○は人気があって△△は人気がない」なんていう品定めごっこから逃れられるからね。それに、「あの子たちは、どうして意地悪したかと思えば、急に親切にしてくれるのか?」っていう疑問も、塩素たっぷりの水が洗い流してくれる。

さあ、もぐろう、プールに立ってる人たちをよけて進む障害物コースだよ。一緒にくねくね進もう。

私はいつもあなたと一緒。だから、あなたがみんなの仲間に入れてもらえなくて、どんなに落ち込んでるかもわかってる。安心で居心地がいいときだってあるよね。でも、そうじゃないときは、のけ者にされてるみたい。友達になろうとしてがんばるのって、あんまり上手じゃないから、どうもうまくいかなくて、よけい気まずくなっちゃうんだよね。

あなたは、こんな気持ちでいるのは自分だけだと思ってる。そして、それは自分のせいだって。どうしてかわからないけど、自分だけ違うって感じてるみたいね。ママには何でも話すのに、このことだけは秘密にしてる。自分の子がはみ出しっ子だってことを、両親が知って悲しんだらつらいから。

一番気が重いのは、これが永遠に続くんだと思うこと。これからの人生、ずっとこんなふうな思いをするのかなって。

でもね、アニー。もうすぐ、ほっとするときがくるよ。今は1年が10年みたいに長く感じてるだろうけど、でも、絶対大丈夫、もうすぐ、こんな日々は過ぎ去ってしまうから。

すべては変わるの――それもものすごくいいほうに。まず、パパとママが、とうとうひとつ所に落ち着く決心をする。そして、みんなでシアトルに引っ越すの。緑のきれいな街よ。夏の間はレンガでできたチューダー風の大きなおばあちゃんの家で過ごすの。ノーシュカムの干潟の上も走れるよ、地球上で一番おだやかな場所のひとつなんだ。

引っ越し先で、あなたは幸せになれる。そして――ダンスに出会う。あなたの体は、新しい素敵な使い方を知って歌い出す。パパとママがあなたの部屋に練習用のバーを取りつけてくれるから、練習できるよ。ダンスが、これからのあなたの人生にエネルギーを注いでくれる守り神になるのよ。

心を込めて。アンより

コーキー・ロバーツ
Cokie Roberts
コラムニスト／コメンテーター

「すべてを同時にやる必要はない」

ABCとナショナル・パブリック・ラジオの政治アナリストにして新聞各社の合同コラムニストでもある、60歳のコーキー・ロバーツ。私たちも彼女くらいいろいろな仕事をマルチにこなしつつ、生産的でありたいものだ。

コーキーは、メリーランド州ベテスダにある地下室のオフィスから電話で話をしてくれた。これから出版する本の資料を集めている彼女の背後で、孫たちの遊ぶ声が聞こえる。彼女のキャリアは、エドワード・R・マロー賞、エミー賞をはじめとする数々の栄誉に彩られている。これまで3冊の本を書いているが、うち『We Are Our Mother's Daughters』『From This Day Forward』の2冊はベストセラーになった。

今日では、育児をしながら仕事をするのはあたりまえのことになっている。だが、コーキーが子どもを持った頃は、そんなことは前代未聞だった。息子のリーは、コーキーが24歳のとき、娘レベッカは26歳のときに生まれた。「当時、どんなに今とは時代が違っていたかっていうと、たとえば私たち夫婦は、私が仕事を辞めるかどうかなんて話題にしたこともなかったんですよ。2人とも、私が辞めるのがあたりまえだと思ってましたから。でも私は、自分の精神衛生のためには、やはり仕事を続けるのが大事だと思ったんです、教育を受けた人間はそうしなくちゃいけないんだと思ってましたし」。子どもたちが生まれてからは、コーキーはもっぱら家でものを書いたり、TVのための仕事を続けた。

毎日が赤ん坊の引き起こす大混乱で戦場のような日々だったと、彼女は当時を振り返る。「お金もなかったし、助けてくれる人も誰もいなくて。夫のスティーブもしょっちゅう家をあけてましたし。べつにたいへんだったっていいたいんじゃなくて、単純に説明してるだけなのよ」。とはいえ、くる日もくる日も続く退屈な重労働の家事に、がんじがらめになったり息がつまることも一度や二度ではなかった。

この手紙は、まだ若い母親だった頃の自分への言葉を綴ったものだ。

†

コーキー

あなたは今の生活が一生続くと思ってるの？　これからの人生、ずっと膝の上にジャムのしみをくっつけて生きていくの？　子どもたちが一晩中目を覚まさずに寝てくれる日なんてこないんじゃないかしらって？

2人の幼い子どもの母親として、あなたはくたくたに疲れ切っている。ほんとにつまらないことが、どういうわけかものすごく大事な毎日。鼻水をふいてやるとかアップルジュースを注いでやるといったごく単純なことが、何よりも大切な毎日。

まるっきり頭を使わないことがほとんどだから、あなたの頭はこの頃すっかりボケてしまってるわね。まるで、リビングルームをほこりひとつなく掃除することに世界平和がかかっているみたい。悪いことに、あなたは料理以外の家事には全然向いてない。それなのに、おもちゃを片づけたりバスタブを洗ったりすることに、子どもたちの将来がかかってるみたいに力を注いでいる。でもね、母親として毎日すべてを完璧にやり遂げなくちゃと思い込んで追いつめられたように感じるなんて、バカげてるわよ。ちょっと問題かもしれないわね。

子どもってみんなそうだけど、あなたの子どもたちもときには面倒くさいし、イライラのタネになることだってある。ふつうに生活しているふつうの大人としてのあなたは、めったに怒ったりしない。なのに子どもたち相手だと、ほんのささいなことで怒りを爆発させてしまう。あなたはそんな自分にショックを受けている。子どもらしいほんのちょっとしたいたずらも、母親である自分の落ち度のせいで犯した犯罪みたいに思えてしまう。

怒り、頭が混乱し、孤独に陥ってるあなたに、私からのアドバイス。まず、今の「幼な子の母親としての自分」の目で、将来を推測するのはやめること。

今は恐るべきかんしゃく持ちで強情な息子だけど、大人になれば、キャンディが欲しいといってお菓子屋の床に寝転んで泣きわめくこともなくなる。今はおしゃべりの止まらない娘も、このまま永遠にしゃべりつづけるわけじゃない。

そんなことで落ち込まないで。これはほんの短い間のこと。きっと乗り越えていけるから。

あなたは、TV局の仕事も、雑誌の仕事も、あれもこれもすべていっぺんにやりたがっている。でもコーキー、あなたはこれから半世紀もの長い間仕事をしていくのよ。すべてを同時にやる必要はないの。そうせざるを得ないときもあるでしょうけど、そうしなくていいときだってある。仕事の世界を離れて——自分の思いどおりに生きてもかまわないのよ。

もうひとつ。今の苦労には、将来ごほうびがあるの！ いつの日か子どもたちは成長して、思いやりのある魅力的な大人になる——そしてかわいい孫たちをつくってくれる。あなたの強情な息子は、いずれものすごく強情な娘を持つことになるわ。娘の息子たちのひとりは、おしゃべりが止まらない。そんなすべてを受けとめ、こんなことならもっとがまんしてもかまわないと思うのは誰だと思う？ あなたよ。

へこたれちゃだめよ。

愛を込めて。コーキー

ノーラ・ロバーツ

Nora Roberts

作家

「洗濯物はおとなしく待っていてくれる」

どこの家庭でも、そこで一番大事なルールは、その一家の暮らしぶりを雄弁に物語る。ノーラ・ロバーツの家で、息子のダンとジェイソンが幼い頃絶対に守らなければならなかったルール、それは、ケガをするか火事でも起きないかぎり、母親が仕事をしている間は、どんなことがあってもじゃまをしてはならない、というものだった。

小さな2人の息子を持つシングルマザー、しかもベビーシッターなし、という状況にあった1970年代終わりから1980年代の初め、ノーラは物書きの仕事と母親業の板ばさみに悩んでいた。「2人が少し大きくなると、ルールをちょっと変えました。これからは動脈出血か大惨事でもないかぎり絶対に私の仕事をじゃましないこと。ちょっとやそっとのことだったら自分で片づけられる歳になったんだから、といったんです」。

ノーラのタイムマネジメントには明らかに効果があった。今や33歳になったダンと30歳になったジェイソンは、ともに健やかに成長し、幸せに暮らしている。そしてノーラは、J・D・ロブ名義で書いた14冊を含めて160冊以上の小説を書き、そのうち125冊がベストセラー入りした。

しかし、若くてかけだしのこの頃は、成功などははるか彼方に思えた。彼女にとって小説を書くことは、本人が「恐ろしく無能だった」と振り返る弁護士秘書として働いた後、生活の糧を稼ぎ出すために就いた2つ目の仕事だった。出版社からいくつかの原稿——ほぼ3年かけて書いた原稿すべて——を突き返され、1981年、ようやく初めての小説『アデリアはいま』(サンリオ・シルエットロマンス)が出版される。

現在55歳のノーラの手紙は、小説家としてようやく軌道に乗りはじめた31歳の頃の自分に宛てたものだった。

†

ノーラ
　母親であること、それがあなたにとっての優先順位のトップだってことに、疑問の余地はない。でも、あなただけが、この小さな一家の稼ぎ手であることも事実。だからあなたは自分にむち打って、足元で子どもたちがかけまわる家で仕事を続けている。本当にたいへんよね。

　男の子はみんなそうだけど、四六時中ケンカばっかり。どうやらお兄ちゃんは弟をぶっ倒すことが自分の使命だと思ってるらしいし。この子たちは一生あやっていがみ合っていくのかしら。私は頭のおかしな人間を育ててるのかしら、あなたは、そういぶかる。

　ときには——いや、ほんとはしょっちゅうだけど——洗濯物は山のようにたまり、おもちゃはそこら中に投げ出されて、家の中は大混乱。いったいどうすりゃいいっていうの？　あなたは自分に問いかける。

　ノーラ、あなたはよくやってるわ。全然ダメな日もあるけど、たいていはよくやってる。私のアドバイスはね、ジャグラーみたいにいくつものことを同時にやりくりしなきゃならないあなたのような人は、ジャグリングにはガラスのボールもあれば、ゴムのボールもある、ってことを知っておいたほうがいいってこと。落としちゃいけないのは、ガラスのボールだけ。それから、事柄によっては目をつぶって見ないフリをすることも覚えるといいわ。たとえば、洗濯物はおとなしく待っていてくれるものよ。

ABCテレビの『グッド・モーニング・アメリカ』に出演するはずだった日のこと、覚えてるでしょ？　あの日、次男のジェイソンが、彼にキスしようとした女の子から逃げて、旗のポールに激突した。あなたはジェイソンをひっかかえて病院に連れて行って、3針縫ってもらった。あなたの真っ白なジャケットは血だらけ。おかげで自分の本についてTVでしゃべるという信じられないような大チャンスをフイにした。でもあなたの選択は正しかった。これはガラスのボールだったから。

この次、自分が母親としてダメなんじゃないかと思い悩んだときは、これを思い出して。ずっと先、長男のダンが22歳になったとき――信じられないでしょうけど、そういう日がくるのよ──彼は家を出てアパートでひとり暮らしを始める。引っ越しの日、彼はあなたに花束を送ってくれる。「ずっと一緒にいてくれてありがとう」っていうカードを添えて。あなたが育ててるのはそういう息子よ。

最後にもうひとつ。あっちこっちからプレッシャーをかけられつづけて、よく思うでしょ、「ああ、8時間、静かな時間があったらな」って。いつかそういう時間を持てるようになる。でもそのときには、今そこにいるちっちゃな悪ガキたちはもういない。そのことをとても寂しく思うときがくるのよ。

愛を込めて。ノーラ

ジョイス・ロシュ
Joyce Roche
ガールズ・インクCEO

「肩の力を抜いて、成功を楽しむのよ」

ニューヨークの非営利団体ガールズ・インクの理事長、59歳になるジョイス・ロシュは、ニューオーリーンズ生まれ。貧しいアフリカ系アメリカ人家庭で11人きょうだいのひとりとして育った。大学に入ったのが1967年。フェミニズムと公民権運動によって、若い黒人女性の世界は急速に変わってきてはいた。しかし、教師になるという目標が精一杯の高望み、それ以上にジョイスが目を向けるほどには、まだ変化はおよんでいなかった。彼女の家庭環境から見れば、それでも十分に高い目標だった。一家の中で大学に進んだのは、彼女が2人目だった。

しかし1969年、ニューオーリーンズのディラード大学4年生のとき、ビジネスクールの学生とデートしたジョイスは、大学院という可能性を知る。「それまでは、大学院に行くなんて考えたこともなかったんです――ましてやビジネスの世界なんて全然。でも、目を開かなくちゃいけないとわかってました。だから、コロンビア大学に願書を出して、入学したんです」。めまいのするようなこの瞬間こそ、見たこともないチャンスからチャンスへと飛び移る10年の幕開けだった。そのときはまるで放縦なギャンブルのように感じられるが、その後、さらに大きなチャンスがめぐってくるという具合だった。ビジネススクールを卒業した1973年、化粧品会社エイボンに入社したジョイスは、鬼のように猛烈に働きはじめた。最初の5年間はほとんど毎年のように昇進し、常に新しい仕事に挑戦することになった。

そして1979年、ライバル会社のレブロンに、マーケティングディレクターとしてヘッドハントされた。弱肉強食の世界で自分の力を証明するために、ジョイスは、すでに殺人的ともいえるほどだった仕事への努力をさらに倍加させた。すると、レブロンでの功績によって、再びエイボンから、今度は役員として戻ってほしいという要請を受けた。こうしてジョイスは、アフリカ系アメリカ人女性としては同社初の役員になった。エイボンで19年間働いたジョイスは、マーケティング部門のあらゆる仕事を経て、全世界マーケティング部門の統括責任者になった。また、総括的な経営者としての経験を積むため、ジョージア州サバナに居を置くアフリカ系アメリカ人のためのパーソナルケア製品メーカーであるカーソン・プロダクツ株式会社（現在はロレアルに買収されている）の社長兼最高執行責任者になった。6年前、現在のポストであるガールズ・インクCEOに就任した。ガールズ・インクは、毎年50万人ほどの少女たちに、その可能性を拓くための教育プログラムを提供している。こうしたプログラムの有効性は、協会の研究所で立証済みだ。ガールズ・インクのモットーは、「すべての少女たちの心に、強く、賢く、そして大胆であろうとする気持ちを呼び覚ますこと」。このとおりに行動するのは、ジョイスにとって自然なことだった。しかし、心の中は決して自信にあふれていたわけではなかった。

これは、レブロンでの最後の任期を終える34歳頃の自分に向けた手紙である。

†

ジョイスへ

あなたは、パイオニアになろうとして社会に船出したわけではない。でも今、企業における出世の階段を駆け上がった数少ないアフリカ系アメリカ人女性として、経営の最前線にいる。毎年ますます業績を伸ばしているわね。でも飛躍するごとに、プレッシャーもそれだけ大きくなる。成功がこんなに重荷だなんて、誰が予想したでしょう。もちろん、あなたはこれからも成長しつづけるわ。マーケティングが大好きで、仕事をすればするほどますます夢中になっていくでしょう。今のレブロンでは、自分でノルマを決めて、平日は朝8時頃から夜9時半か10時頃まで働いている。土日も仕事。エクササイズが必要？　冗談じゃないわ。正午にミーティングが招集されることもあるから、めったにランチにすら出かけないのに。もちろん文句をいっているんじゃないわ。妙かもしれないけど、ハードワークにはめまいのするようなスリルがある。あなたは、目の前に現れたチャンスをすべてつかまえるために、たくさんのリスクをおかしてきた。熱心に働くのは、与えられたチャンスに自分がふさわしいことを証明するため。そして、それによって、あなたに続きたいというアフリカ系アメリカ人の女性にドアを開くことになるかもしれないから。

そう、あなたは自分にいい聞かせている――それは全部本当のことよね。でも、それがすべてというわけじゃない。「よくやった。君はわが社の誇りだ。ぜひわが社の役員になってもらいたい」。絶え間なく続く称賛と感謝を、あなたが飢えたように飲みほしているのを見ればわかる。

どうしてそんなに早く成功の輝きがあせてしまうのか、不思議に思ったことはない？　それはね、心の奥のどこかで、みんなのいうことを信じてはいないからよ。いつか必ずつまずくときがくる、そのとき「みんな」にも本当のことがわかる。「あなたはここにいるべきでない。あなたには無理だということはわかっていた。あなたに賭けてみたのは間違いだった」。そういわれることを、あなたは恐れている。その恐怖が、あなたを長時間の仕事にかりたてている。成功すればするほど、いつか本当の自分がばれるという恐怖は増すばかり。

そんなふうに考えるのはやめなさい。今すぐに。あなたはニセモノじゃない。正真正銘の本物だから。あなたは頭もいい。能力もある。だからそんなに働くことも、そんなに不安がる必要もない。大丈夫、やっていける。あなたはその席に着くのにふさわしい人物。肩の力を抜いて、成功を楽しむのよ。

愛を込めて。ジョイス

リザ・スコットライン
Lisa Scottoline
小説家

「ルックスは、あなたが思っているより全然重要ではない」

ミステリのベストセラー作家になる以前、リザ・スコットラインは法律家として出世街道をばく進していた。フィラデルフィアに生まれ育ち、ペンシルベニア大学に進学、そこで女性ボート部を設立する一方、4年間の授業過程をたった3年ですべて修了してしまった。優秀な成績で卒業すると、ペンシルベニア大学法科大学院に進学、結婚し、1981年には州の控訴裁判所の書記という名誉あるポジションを手に入れた。さらには、国際的弁護士事務所であるデチャート・プライス&ローズ法律事務所で訴訟を扱うというむずかしい仕事に就いた。

しかし私生活では、それから5年後に娘を妊娠したものの、結婚生活は破綻、出産直前に夫と離婚した。子どもが生まれたら仕事を辞めて家庭に入ろうと思っていたリザは、にっちもさっちもいかない状況に追い込まれた。

そのとき、ジョン・グリシャム、スコット・トゥローの小説の大ファンだった彼女は、もしかしたら、女性が法廷スリラーを書いたら売れるかも、と閃いた。この勇猛果敢な30歳の若き女性は、両親が驚きうろたえるのを尻目に、5年以内か、あるいは借金が5万ドルになるまでに小説を書いて売り込もうと決意した。

それから5年後、リザは、限度額まで使い切ったクレジットカード5枚と、初めての小説『見られている女』(ハヤカワ・ミステリ文庫)を手にしていた。この小説は、リザが判事の事務手伝いのアルバイトを始めて1週間後に、大手出版社ハーパーコリンズに売れ、アメリカ探偵作家クラブの主催で、毎年優れたミステリ作品に贈られるエドガー賞を受賞した。

現在55歳のリザは、その後、ニューヨークタイムズ・ベストセラーの『似た女』『代理弁護』(ともに講談社文庫)など12作の小説を上梓している。最新刊は2006年3月に出版された『Dirty Blonde』。こんなふうに、道なき道を切り拓いて成功を手にするには根性を要したが、25歳の自分に宛てた「絶対知っておくべきリスト」

を見ると、彼女がいつも自信にあふれていたわけではないことがわかる。

†

以下は、あなたが絶対に知っておくべき10の事柄である。

リザ

---

①あなたの髪は、あなたが思っているより全然重要ではない。
②あなたのルックスも、あなたが思っているより全然重要ではない。
③「バカなことをうかがってもいいですか?」と聞くのは、いかなる場合にもいい方法ではない。
④「しゃべってもいいですか」と聞くのも、少しもいいアイデアではない。
⑤何かについて話をするとき、聞いている人の時間をむだにしたくないからといって、早口でしゃべりすぎないこと。誰であろうと、あなたの話を聞いている時間は、その人にとって最高の時間の使い方なのだ。たとえあなたの髪がめちゃくちゃでも。

---

⑥何かを口に出す前に、あらかじめ頭の中で話をはしょってしまわないこと。真実を語ることを、あるいはもっと悪いのは、あなたが心底思っていることを語るのをじゃましているのは、あなた自身かもしれない。
⑦望む結果を得るのに必要な努力より、いつも約25パーセントも余分に努力している。落ち着いて、リラックスすべし。
⑧あなたの素晴らしさを理解できない者、いってやらないとわからない者、定期的にあなたのことを素晴らしいといわない者、またはあなたがそれを忘れたときにいってくれない者とはつきあわないこと。
⑨無視しつづけている小さな心の声こそ、聞くべき唯一の声である。
⑩愛しなさい。

リザ

ビバリー・シルズ
Beverly Sills
オペラ歌手

「一瞬一瞬を大切にするのよ」

ビバリー・シルズの母親は、娘のベル・シルバーマン、通称「バブル」がまだ赤ちゃんだったときから、この子は絶対にオペラ歌手になるものと決めてかかっていた。ビバリーが2歳のとき、叔母のローズがビバリーの母親に、もしこのちっちゃな未来のディーバが、オペラ歌手になれるような声を持っていなかったらどうするのかと聞いた。すると母は、「私の娘だもの、いい声に決まってるわ」と静かな情熱を込めていい切ったという。

ニューヨーク・シティ・オペラとメトロポリタン・オペラきってのスターとして一世を風靡《ふうび》したコロラトゥーラ・ソプラノ、ビバリー・シルズは、今でも、何を根拠に母がそこまでの確信を持ったのかわからないという。「うちの一族は医者ばかりで、音楽家なんてひとりもいなかったんですよ。母の執念でこういうことになっちゃったみたい」。

ビバリーは、リンカーンセンターの自分のオフィスで私を迎えてくれた。1980年に舞台を退いてから、ここで彼女は極めて稀な人生の第二幕を成功させていた。ニューヨーク・シティ・オペラの総監督として、かつて財政的には不安定だった集団を、独立して採算のとれるカンパニーへと変貌させたのだ。その後も、1994年から2002年まではリンカーンセンター・パフォーミングアーツ部門の理事長を、2005年までメトロポリタン・オペラの理事長を務めた。

私と会った日、彼女は特別にご機嫌だった。支援者が大口の寄付をしてくれたおかげで、メトロポリタン・オペラのラジオ番組が継続できることになったのだ。

彼女の人生に大きな影響をおよぼしたのは母だが、この手紙でビバリーは、彼女が20歳のとき肺がんでこの世を去った父について書いている。「父は、何かものをいうたびに、以上、この話は終わり、とでもいうように、びしっといい切る人でした。私にとって父は、試金石のような存在だったんです。父が何を期待しているか、どうするとがっかりするのか、何は絶対にしてはいけないのかは、常にはっきりしていました。これはいい、これは悪いというのがはっきりわかったし、父が何を考えているかわからないということはまったくありませんでした」。

10歳で歌のレッスンを始めたビバリーが、舞台に出たいというと、父は、舞台に立つなどというのはあばずれだけだといった。「あばずれって何?」と彼女が聞くと、父はこう答えた。「短いスカートをはいて、濃すぎる化粧をして、髪の毛の色を変えるような女の人のことだ」。「当然、私はそういうことに夢中になっちゃったんですけどね」彼女は笑いながらそういった。これは70代になったビバリーが、16歳の自分に宛てて書いた手紙だ。父がわざわざデトロイトまで出て来て、初めて『メリー・ウィドー』の舞台の彼女を観てくれたばかりだった。

†

バブルズ
お父さんに、ツアーに行ってはいけないといわれたわね。ツアーに行くなら、もう家には入れないって。あなたがJ・J・シュバートと一緒の公演ツアーに行くことを決めたのは、お母さんにどうしても行きなさいといわれたから――あのときお母さんは、たとえお父さんがあなたをうちに入れなくても、お母さんの部屋に入れてあげるといった。

でも、その後、お母さんに説きふせられたお父さんは、はるばるデトロイトまであなたの千秋楽の公演を観に来てくれた。あなたは、お父さんが観ているなんて知らなかったから、終演後、誰かが楽屋のドアをノックするから開けてみると、お父さんがいたのでびっくりしちゃったね。お父さんは、頭の先から足の先まで、あなたを穴の開くほど眺めた。短いスカートをはき、顔には舞台用の厚化粧を塗りたくり、髪の色を変えたあなたを。そして、こういった。

「ほらな、ひどい格好だ」

来た、これですべておしまいだ、とあなたは思った。

でも、違った。お父さんはその後、それまでも、そしてそれ以後も聞いたことがないような素晴らしい批評をしてくれた。あんなに聡明で深い見識のある批評家には、たぶんこれから先も出会うことはないでしょう。

お父さんは最後にこういった。「おまえの声はまるで天使だ。帰っておいで。

レッスン代は払ってやるよ」。

背が高くて、色が浅黒くて、髪がカールしてて、とてもハンサムなお父さん。いつも厳しくて、あなたにとても大きな期待をかけているお父さんの姿しかあなたは知らないけど、本当はどんなにあなたを愛しているか。なのにお父さんは、あなたが愛を返しきるまで待っていてはくれないの。

だからビバリー、この博識な人とできるだけ話をしておきなさい。あなたの立ち居振る舞い、服装、そして善悪の判断に、お父さんの教えがどれだけ役に立っているか――これからのあなたの目覚ましい成功を、お父さんが見てくれることはない。でも今、お父さんと過ごせる一瞬一瞬を大切にしておけば、あとで、そうしておいてよかったと思えるわ。

愛を込めて。ビバリー

リズ・スミス
Liz Smith
レポーター

「自分で自分をケチな小者にするなんて、精神的によくない」

TVのコメンテーターで、「デイリー・ニュース」「ニューズデイ」「ニューヨークポスト」などの新聞のレポーターとしても何十年もの間活躍してきた83歳のリズ・スミス。彼女にも、いくつかのささやかな後悔がある。

たとえば第二次世界大戦の終盤、テキサス大学の学生だった頃、遊んでばかりいないでもっと身を入れて勉強すればよかった、とか。写真や人の名前、日付を含めて、自分の活動についてもっといろいろ記録をとっておけばよかった、とか。「みんないつか有名になるのが当然という前提で生きなきゃならないのよ。もし有名にならなくたって、自分が人生をどう過ごしてきたかをちゃんと把握してるっていう喜びがあるじゃないの」。

しかし全体としては、彼女は年老いた現在をとても快適に感じている。「昔よりも、よほど幸せね。以前の私は、それこそ野心でぱんぱんにふくれあがって、自分のことをすごいやり手の切れ者だと思ってましたからね」と、相変わらずの率直さで語る。

†

1949年、有名になりたいという野心に突き動かされて、50ドルのお金を手にニューヨークに降り立ったリズは、三流紙の記者兼タイピスト兼校正者になった。そしてついに、「ウーマンリブなんてまだなかった時代、イキのいい男たちの下での大事な仕事」に落ち着いた。イキのいい男たちの中には、CBSラジオのマイク・ウォレスや『Candid Camera（どっきりカメラ）』のアレン・ファントもいた。

成功したい、いいところを見せたいと闘志満々で働いていた若い頃、彼女は仕事の上でいくつか基本的な間違いを犯した。これはNBCのプロデューサー、ノーマン・フランクの下で働いていた30代の初め頃の自分に宛てた手紙である。

リズ

あんたは本当によく働くわ。おまけに冒険心も旺盛。その姿勢のおかげで、長い目で見ればあんたは、望みどおりの成功を手にすることになるわ。

でもリズ、今あんたはその素晴らしい才能を、悪いほうに使っているわよ。デイヴ・ギャロウェイの『WIDE WIDE WORLD』制作のための事前調査やロケハン、あるいはゴマンとあるその他の用事を依頼されると、あんたはそれに関係する細々とした情報を勤勉に拾い出す。でもその勤勉な努力の結果、ボスの計画が何かしらじゃまされるたびに、こっそり意地悪な楽しみを味わってるわよね。あんたはね、成功した実力者に向かって「最大限調べてみましたが、これは不可能ですね」というのが大好き。

自分は身を粉にして働いているのに給料は安い。一方あの人たちは有名でお金持ち、となれば、なんとかバカにしてやりたいと思うのも人情。アッカンベーのひとつもしてやろうってね。

でも、自分が何をしてるか悟りなさい。わざわざ自分で自分をケチな小者にするなんて、精神的によくないじゃないの。そんなつまらない出来心に負けないようにしなきゃ。「だめですね、不可能です」なんていって、子猫の死体を相手の足元に投げるようなことをする代わりに、なんとかそれを解決するチームの一員にならなきゃ。

今あんたは、ボスのような実力は一生持てないと思ってるかもしれないけど、あんたがボスの問題を自分の問題だと思って解決に全力を出しはじめたとたんどんなことが起きるかを知ったら、さぞびっくりするでしょうね。

全力を尽くすこと。ねたんだり、こっそり意地悪したりするのはやめなさい。

ツメをとがらせて、さあ飛びかかれ！

リズ

ピカボ・ストリート

Picabo Street

オリンピック代表スキー選手

「落ち着けよ、思いっきり気を抜いて、楽しむんだよ」

スキー選手ピカボ・ストリートは、その恐ろしいほどの意志力によって、膝のケガ、脳しんとう、度重なる骨折、さらに靭帯《じんたい》をずたずたに引き裂かれるほどの大事故を乗り越え、ワールドカップでの数えきれない優勝、1994年のリレハンメルオリンピックで銀メダル、1998年の長野オリンピックでは、スーパー大回転で金メダルを獲得、そして2002年、ソルトレイク・シティ・オリンピックで有終の美を飾った。

しかしピカボにいわせれば、そんなことはべつにすごくもなんともない。時速145キロで飛ぶように斜面を滑降するのは、彼女にとってはふつうなのだ。だから、ケガによって戦線離脱を余儀なくされるたび、ピカボはまるでレーザー光線並みの集中力で治療に専念してきた。

「たとえば、息をするくらいいつもふつうにやっていることができなくなったらどうしますか？　なんとかその能力を取り戻して、元どおりの人生を続けようと思うでしょう。私もそれと同じ。私のやっていたことの範囲が、皆さんとちょっと違うだけで。私にとっての『あたりまえ』というのがちょっとズレてただけなんです」

現在35歳。ジョン・ムリガンと結婚し、ユタ州パークシティに住んでいる。ローマ皇帝から名前をもらったという息子トレイジャンの誕生によって、今や彼女にとっての「ふつうのこと」の範囲は大きく様変わりした。「今の私のごほうびは、ほんの小さなことになりましたね。映画を観に行くとか、お風呂に入るとか。息子と一緒に一日を無事に終えること。それで十分。――息子が毒ガス攻撃なんかされずに！」。

こんな平穏な時間をもっと早く持てていたら――ピカボはそう思う。ことに1998年、金メダルを勝ちとった後で。この画期的な出来事の直後、ピカボは家族やボーイフレンド、友達らと一緒にハワイで11日間の休暇を過ごした。そして、その後、ワールドカップ大会に参加するため大急ぎでスイスに移動した。そして、3月13日の金曜日、事故は起きた。左脚骨折、右膝が砕けるほどの大事故だった。「それから1年9ヶ月あまりもスキーを履けなかったんです。長かったし、苦しかった。イライラして、どうしていいかわからなかった。まだ引退は考えていなかったので、次の人生に進むことができなかったんです」。

もしも人生をやり直せるなら、この時期だけはやり直したい、とピカボは思う。

この手紙は、スーパー大回転で金メダルをとった直後、27歳の自分に宛てて書かれた。

†

ピカボへ

オリンピックで金メダルをとる——あなたの11歳のときからの夢——それを実現した後のほうが、それをとるためにがんばっていたときよりもたいへんだなんて、想像もできなかったよね。

勝てたことにはびっくりしている。満足しているのも、ほっとしているのも確かよね。でも同時に、どうしていいかわからなくなってしまった、こんな見知らぬ世界にやって来て。まるで、時速500キロの超特急に乗っていたのが、突然ガクンと止まっちゃったみたい。人生を賭けた夢に向かって全速力で突っ走ってきた。ところが——ジャーン！——それがいきなり本当になっちゃった。

今、何が起きてるか、理解しきれないのよね。だから教えてあげる。究極のゴールに到達したなんていう状況は、あなたにとっては、まったく未知の世界なの。満足感を感じるよりも、むしろすべてが終わってしまったみたいに思える。「金メダルをとること以上にいいことなんてあるわけがない。これから先、もうこれ以上のことがあるはずがない」って。絶え間なく努力する対象がなくなってしまったことで、あなたは、これからどっちを向いて進んでいったらいいのかわからなくなっちゃったのね。

スポーツ選手にとって、ギアをニュートラルに変えるのは至難のわざ。常にかりたてられていた人間にとって、何もしなくていい時間というのは必ずしもいいものじゃない。それはわかってる。だから実行するのはむずかしいでしょうけど、今からアドバイスをあげるね。あなたのボーイフレンドはこういってる。落ち着けよ、思いっきり気を抜いて、楽しむんだよって。

そうなさい。

家に帰って、ロサンジェルスに行って、ニューヨークにも行って、トークショーというトークショー、パーティというパーティに出てみたら？　経済界からお呼びがかかれば、いつでも貢献できる準備もしておくのよ。そりゃ怖いわよ、だってそんなの今までやったことないんだから。

すっかり満ち足りた気分になること、みんなが背中を叩いてよくやったといってくれること――あなたにしてみれば、こんな不自然なことってないでしょ。ものすごく落ち着かないよね。けんか腰で向かって来られるほうがずっとマシ。シャンパンだって好きじゃないし。

今あなたは、スイスのクラン・モンタナのワールドカップに出たいんでしょう？　あなたはこう思ってる。「金メダルを超えるには、もうひとつ金メダルをとればいいんだ」って。

でもそれは、あなたが自分のやり遂げたことを楽しむ術を知らないだけ。スイスに行けば、ひどい目にあうことになるわ。そうなって初めて、自分で自分の背中を叩いてよくやったといってやることを学ぶことになる。

それより、今、始めたほうがいい。これは決して自己陶酔じゃない。人生の素晴らしさを存分に味わうということなの。

あなたはいつだってスピード狂だった。でもね、ペースを落とすことで得るものもあるの。今、それを学ばなくちゃ。

山上のあなたの影、P

ジョイス・テネソン
Joyce Tenneson
写真家

「最高の仕事は、天啓を受けた瞬間に降りてくる」

写真家ジョイス・テネソンの作品は、言葉ではとうていいい表せない。あまりにも豊かな感情を内包したそのイメージを前にすると、言葉など無力に思えてくる。

ジョイスを理解するには、10冊の本と200を超える写真展をたどるのが何よりだ。「芸術家になることは、自分の運命だと思っていました——私の個人的な人生経験を何らかの形で作品にするということ。それこそ、私が30年以上やってきたことなんです、自分の人生のさまざまな場面を、視覚的に記録するということが」とジョイスはいう。

では過去にさかのぼって、彼女がつくりだした何千というイメージのうちのいくつかを見てみよう。

2004年にバーンズ&ノーブル社から出版された、花のポートレートを集めた写真集『Intimacy』では、茎のない真っ白な蘭の花が2つ、漆黒の背景の中に浮かんでいる。奥の花には花びらが4枚、そのそれぞれが思い思いの方向を向いている。前景の花は、上半分しか見えない――その花びらは、おいでおいでと招く指と、頭飾りのようにも見える。ひとつひとつを見れば、どちらの蘭も美しい。しかし両方が合わさると、互いのほうへと曲がりながらさし招く指で秘密のおしゃべりをしているようにも、ダンスをしているようにも見える。目にしたことのない花の姿だ。

ぴったりと寄り添うような、この強烈なイメージが暗示するのは、長年にわたる過渡期を打ち破ってきた60歳のジョイスその人だ。「これまでずっと、自分はアーティストなんだということを証明するだけのために戦ってきたような気がします」。写真集『トランスフォーメーションズ』(トレヴィル)では、何かに縛りつけられて身動きができないような感じ、あるいは蛹《さなぎ》がまゆを切り裂いてなんとか外に出なければならないという感覚が、すきとおるような網をかぶったり、あるいはすっぽりとおおわれた物体によって感動的に表現されている。「目に見えない世界に常に惹かれていました」とジョイスは語る。

ジョイスは、ボストン近郊の女子修道院の敷地内で、歳の近い4人きょうだいのひとりとして育った。母は双子の姉妹で、その双子の片割れで、ジョイスにとっては叔母にあたる人は、ジョイス一家ともしょっちゅう一緒に暮らしていた。母にとって叔母との関係は、夫や子どもたちとの関係よりも深いものに思えたという。

ジョイスは20歳のとき結婚し、それから10年間結婚生活を続けた。「結婚したのは、家から出るためでした。当時は、ちゃんとしたカトリックの娘が男と同棲するなどということはなかったので」。自分に才能があるということは常に感じていたものの、20代後半の頃、芸術家としてのアイデンティティを堅持するのは並大抵のことではなかった。

「家族が励ましてくれたこともありませんし、師と呼べる人を持ったこともまったくありません。お手本になった人もいません。すべては私自身の中にある、獰猛《どうもう》で深い何かなんです」。ワシントンDCに住み、小さな子どもの母であり、科学者の妻でもあったジョイスは、他の芸術家たちから隔絶された孤独を味わっていた。何千枚ものセルフ・ポートレートを撮った20代――写真を教え、夜学で修士号を取り、小さな息子の面倒をみ、本も書いた――すべては、今演じているごちゃ混ぜの役割の中で、自分とはいったい何者なのかを探求するためだった。疑問符だらけの自画像への終止符が、28年後に発表し、ベストセラーになった『Wise Women』だ。この本には65歳から100歳までの、90人の女性の個性が鮮烈に描き出されている。ジョイスの手紙は、囚われたように感じていた孤独な若い頃の自分に宛てて書かれていた。

†

ジョイス

あなたは毎日、測量技師のように自分の目に見えるものを確認する。それは、徹底して個人的で、心の底から湧き出すような作品を生み出すため。ユングと同じように、真に個人的なものは同時に普遍的であると信じている。

でも、自分自身に忠実でありつづけることは、あなたにとってとてもたいへんなこと。なにしろ美術界は、あなたを称賛するどころか、認めようともしない――女性が女性であることの力を使った芸術を。

あなたはことさら「女性である」ことを売りものにしようとしているわけではない。あなたのものの見方はあなた独自のもの。それが今、美術界の主流派に受け入れられていないだけ。懲《こ》りることなく、あくまでも自分の心の地図が指し示す方向にしがみついていることで、もしかしたら自分をあざむいているのではないだろうかとあなたはいぶかっている。「私には見えていないことがあるんだろうか。私の中の直感は消えてしまったのだろうか」あなたは自問している。

その不安に答えてあげたい。あなたはまったく正しい方向に向かって歩みを進めていると。自分の歩む道を後悔することはない。

今後批評家からも高い評価を受けるようになるけれど、それよりもっと意味のある別の評価が届く。将来、8冊目の本が出た後、あなたの作品を見てくれた世界中の人々から手紙がくる。みんなあなたに感謝している。あなたが彼らの人生をどんなに変えたかを語る。まるで愛に満ちた海に入ったみたいな気持ち——自分の作品が、まるで大きなオールのように見も知らない人たちに届き、彼らの心の中に波を起こしている。こんな思いがけない祝福が、思ったよりも大きなやりがいを感じさせる。

すべてはまだずっと後、何十年も後に起きること。でも、今このときも、目に見えない観客を心に感じておきなさい。あなたの、決して揺らがない小さな心がひたすらに進んでいくのを目にし、堪能する観客がいることを。彼らはすぐそこにいる。

仲間もなく、一言の励ましももらえずに旅を続けるのはとても苦しいこと。夜、ベッドの中で、心の支えを求めてヴァージニア・ウルフやアナイス・ニンを読むとき、あなたがどんなに勇敢で強い人間か——そしてどんなに美しい人間かがよくわかる。今あなたはそんなふうに思ってはいないけれど、それは自分に厳しすぎるせい。うちの人間はみんなそう。大人らしいちゃんとした大人になった者は誰もいないもの。

本当は、芸術家としてどんなに大きな犠牲を払っても、ワシントンDCにとどまるというあなたの選択は、信じられないほど正しい。あなたはニューヨークに移ってしまうと、息子が健全な心を持って成長することができないと思っている。だからあなたは待っている。報われるまでには長い時間がかかるけれど、いずれ必ず賢明な選択だったことがわかる。その報いは、仕事の上でも息子にとっても、うんと大きくなって現れるでしょう。

この10年は、待つこと、そして自らに忠実にあることを通して、あなたが厳しい教えを叩き込まれる時間。最高の仕事は、天啓を受けた瞬間に降りてくる。それがわかるときがくる。それを自分の意志で生み出すことはできない。でも、自分に対して忠実を貫き、腕を磨きつづける——そして待つ——そうすれば、ときにそんな瞬間が魔法のように現れてくれる。

だから友よ、進みつづけなさい。

ジョイス

ヴァナ・ホワイト
Vanna White
『運命のルーレット』司会者

「どんなときも自分の心の声に従うこと」

1980年代、国民的アイドルになった頃、ヴァナは、たとえばガルボ、シェール、バービーのような、名字を名のらない珍しい有名人のひとりだった。TVのゲーム番組『Wheel of Fortune（運命のルーレット）』のホスト、パット・サジャックが、1987年に出版されたヴァナの自伝『Vanna Speaks』のまえがきで述べているところによれば、当時「ヴァナの顔は、商品バーコードより多くの雑誌のカバーを飾った」という。

TVプロデューサーのマーヴ・グリフィンがヴァナ・ホワイトを『運命のルーレット』に出演させたのは1982年12月、この番組に出るまでの2年間、ヴァナはロサンジェルスでモデルやパッとしない単発の仕事をして、かつかつの生計を立てていた。『運命のルーレット』はそれまでも十分成功していたが、1983年に独立系放送番組として放映されはじめると、回答をめくる係を担当するこのグラマー美人は、またたく間にセンセーションを巻き起こした。

つい最近まで家賃の支払いにさえ四苦八苦していたヴァナは、この仕事をありがたく思い、アメリカ中の幻想を見事に受けとめ、国民的アイドルを演じた。一見いかにも悩殺セクシー系に見えるが、その素顔は、南部の田舎町出身、素朴で清純な昔ながらのアメリカンガールというのが彼女なのだ。

アメリカ中に熱狂的ヴァナファンが広がったかのように思えた1986年、思いがけない災厄が起きた。5年前、コマーシャルのためセクシーなランジェリー姿のヴァナを撮影したカメラマンが、今になってその一連の写真を「プレイボーイ」誌に売ったのだ。同誌の創刊者ヒュー・ヘフナーのプレイボーイ・マンションでヘフナーがひんぱんに開くパーティに、ボーイフレンドとともにゲストとしてよく招かれていたヴァナは、ヘフナーに、写真を出版しないでほしいと頼んだ。「お願いだから助けてください。このことで、これまでがんばって築き上げてきたすべてがメチャクチャになるかもしれないと頼んだんです」とヴァナは振り返る。ヴァナによれば、ヘフ（彼女はヘフナーをそう呼んでいた）は写真を雑誌掲載しないことを受け合ってくれたが、後日、もう自分の手の届かないところですでに決まっていたと前言を撤回してきた。

写真は掲載され、自分のキャリアはもうおしまいだとヴァナは思った。「考えられないようなダメージでした」と彼女はいう。彼女を採用したとき、すでに写真の存在を知っていた『運命のルーレット』の番組プロデューサーたちの支えを得て、ヴァナはトークショーなどの番組に出演し、いい訳せず、自分の間違いを認めようと決めた。「アメリカ中の人たちに、心を込めて正直に話したんです。ほんとに貴重な経験でした。こういったんです。確かに私はこの写真のためにポーズをとりました。こんなことをすべきでないのはわかっていながらしてしまいました。今は反省しています。私の気持ちをわかっていただけることを願っています」。

そして、アメリカは彼女を許した。以降、ヴァナはヘフナーとは一言も口もきいていない。現在49歳、11歳のニコと8歳のジョヴァンナの母となったヴァナは、『運命のルーレット』に出演する前の24歳の自分にこんなふうに語っている。

ヴァナ・バナナへ

ロサンジェルスでなんとかやっていくために、できることは何でもしているあなた。パパにお金を送ってほしいといわずに、毎月1000ドルの家賃を払っていこうとがんばってる。パパには心配をかけずに、すべてうまくいっていると思ってもらうことが、あなたにとってはとても重要なのね。お金がないときには、ウェイトレスの仕事もやってきたわね。そうやって、これまではなんとかなってきたけど、今度だけは本当にお手上げなんでしょ。なんとかして少しでもお金をつくらないと、アパートから追いたてを食うのも時間の問題。

でもね、それでもその下着の広告には出ないで。出ればお金はたくさんもらえるわ――ロサンジェルスに来てから今までやったモデルの仕事なんて問題にならないくらいの金額よ。でも、その仕事を引き受けるのは、どうしても正しくないことに思えるの。ええ、確かにヌードってわけじゃないわ、でもそのランジェリーというのは、あなたがいつもつけているシアーズのカタログに出て

†

るようなふつうの下着じゃない。スケスケの、通販でしか買えない代物よ。

ただの下着の広告とはわけが違うわ。誰も見やしない、と今あなたは思ってる。でも、もしこの仕事を引き受ければ、そんなふうに人前で体をさらすなんて恥ずかしくてたまらなくなるわよ――あんまり恥ずかしくて、撮影は自分のアパートでやってほしいとカメラマンに頼むほど。自宅で撮影したところでやっぱり、写真を撮られている間中ずっと、いけない、こんなことやるべきじゃないと思うことになるわ。

もうひとりのあなたが、いけないと小さくささやいているのがわかるでしょ。その声に耳を傾けるのよ。勇気を出してパパに電話して、ちょっとの間だけお金を貸してっていうの。間違いの中には、ずっと後になってひどいしっぺ返しをするものもあるのよ。この間違いはあなたのキャリアを滅ぼしかねない――あなたが夢にも思わなかったほどの幸せがそこにかかっているのに。

どんなときも、自分の心の声に従うこと。もし何かが間違っていると思ったら、それはたぶんそのとおりなのよ。

あなたの気持ちをよくわかっているヴァナより

ウェンディ・ウォーカー・ウィットワース
Wendy Walker Whitworth
『ラリー・キング・ライブ』
プロデューサー

「妊娠できなかったのは、
あなたの生涯で最高の出来事だった」

ウェンディ・ウォーカー・ウィットワースは、私たちのものの見方を陰で形成する実力者のひとりだ。

CNNの取締役副社長であり、エミー賞を受賞したトーク番組『ラリー・キング・ライブ』のシニア・エグゼクティブ・プロデューサーを13年間務めてきたウェンディは、ナンシー・レーガン、ドナルド・トランプ、マーサ・スチュワート、故ジョン・F・ケネディJr.、オプラ・ウィンフリー、そして存命のアメリカ大統領の全員をはじめとして、ありとあらゆる世界の有名人の中でも、特ダネになる超大物クラスとの独占インタビューを日々しかけてきた。

大物に口を割らせる優れた手腕以外にも、ウェンディは、ありきたりのトークショーに終始していたかもしれない『ラリー・キング・ライブ』を、社会に影響力を与えるほどの番組にした。

たとえば1995年には、当時のPLOのアラファト議長、ヨルダンのフセイン国王、イスラエルのラビン首相へのインタビューを実現させ、中東和平のプロセスを描きだした。また2003年のイラク戦争中には、29日間連続で現地からの生放送を流し、2004年にはアメリカ共和党全国大会の期間中に、『ラリー・キング・ライブ』にブッシュ家の三世代をそろって登場させた。

四半世紀以上もTVニュースに生き、呼吸してきた人――彼女は1980年のCNN発足時のメンバーのひとりだ――こういうと、かたときもじっとしていられないような、猛烈で神経症的な人物を想像することだろう。だから、ニューヨークにあるCNNのウェンディのオフィスに足を踏み入れて驚いた。

このオフィスで彼女はCNNの新しい法律分析番組を制作している。優しい声、きれいに整ったブロンドの髪、印象的な青い瞳。思わず見とれるヴァレンティノの黒のニットジャケットに、恐ろしいくく高いピンヒール。ウェンディは、常に過密スケジュールをこなしているにもかかわらず、少しもせかせかしたところのない率直な女性である。

もともとは、ずっと仕事を続けていくことを望んでいたわけではない。アイオワに生まれ、ホリンズ大学を卒業した後は、結婚するつもりでいた。「でもどういうわけかそういうことにはならなかったんですよね」と彼女は説明する。それで、1975年、友達4人とともに、父親にもらった40ドルを手にワシントンDCに職探しに。しばらくブルックス・ブラザーズで販売員として働いている間に、売上トップになった彼女は、自分が負けず嫌いな性格だと気づいた。

その後、ロバート・F・ケネディの妻エセル・ケネディの個人秘書になり、その時代に有名人テニス大会のTV放映を手伝い、TV番組の制作という自分の進むべき道を見出したのだった。24歳だった。当時彼女は「私の人生はもう半分終わっちゃったわ。今からTVの仕事をやっていくのは、もう遅いわね」と思ったという。しかし、彼女はぐんぐん前進した。

ワシントンのABCに応募して首尾よく第二の職業に就いた彼女は、ニュースキャスターのケイティ・コーリックと同じ日に働きはじめた。まもなく2人は親友になった。ウェンディはビデオテープの記録をとり、日曜も出勤し、ABCが必要とする仕事なら何でも進んでこなした。

そしてある日、上司のジョージ・ワトソンが、一日24時間ニュースだけを放送する新チャンネルCNNを立ち上げるから、君も一緒に来てほしいと、彼女を引き抜いた。それから13年間、ウェンディはホワイトハウス中を、次いで世界中を飛びまわった。それとともに、初めはバカにされていたCNNも、徐々に仲間の尊敬を勝ち得るようになっていった。こうして1993年、ウェンディは『ラリー・キング・ライブ』に加わった。

一方、私生活では、40歳直前に結婚。どうしても子どもを生みたいと願っていたが、妊娠に失敗。41歳のとき、体外受精によって子どもをもうけることを決意し、大きな苦痛を伴うプロセスに乗り出した。

次の手紙は、現在10歳のアマヤと8歳のウォーカーという子どもたちが彼女の人生に登場する以前の自分に宛てたものだ。

†

ウェンディ

この数年間は本当にたいへんだったわね。あなたの体は、外から見ればまだとても若くて健康そうに見えるから、きっと体の中もすべて健全に機能すると思っていたんでしょう。それなのに、今回もだめだったと知るたびに、あなたがどんなに落胆しているかもわかってるわ。あなたがどんなに妊娠を待ち望んでいるかも知っている。あなたは「もしも子どもができたら」とは考えず、「いつできるだろう」とばかり考えていた。家に走って帰って「妊娠したわ」という日をずっと夢見ていた。

お腹がだんだん大きくなって、何かを食べると胃がむかつくようになったとか、どうしても何かを食べなくちゃいられなくなって、夜の11時半に表に駆け出したといって笑いたかった。陣痛がきて病院に駆け込んで、胸の上に赤ちゃんを置いてもらいたかった。あなたのものである小さな生き物を愛しては泣き、喜んでは泣きたかった。でも今はもう、その夢は消えてしまった、そう思って嘆いているんでしょう?

クリスマスに、またためだったことを知ったとき、あなたがどんなに悲しんだかも私は見た。親切な主治医がいつものように電話をくれて、おそらくあなたには妊娠は無理だと告げられたとき、ショックで胸がはりさけそうだったのも知ってる。あの夜、あなたがとうとう、また初めからこれを繰り返すのは無理だといったことも覚えてる。そのときあなたがどんなに寂しかったかも。

その痛みを取り除いてあげたい。そんなに悲しそうなあなたを見ていられないから。だから教えてあげたい。

実はね、妊娠しなかったのは、あなたの生涯で最高の出来事だったのよ。宇宙のエネルギーが、深い意味を込めてあなたにくれた贈り物なの。星座は最高の形で並び、あなたに贈り物をする。

これからあなたは素晴らしい子どもたちを2人も授かるのよ。男の子と女の子をひとりずつ。最初の女の子が生まれるとき、あなたは彼女と一緒にいるわ。見かけも美しいけど、それに負けず劣らず心の中も美しい子よ。看護婦さん全員が、こんなにかわいい赤ちゃんは見たことがないっていうわ。あなたそっくりに笑い、あなたそっくりのふくれっ面。天使のような心を持ち、子馬のように優しい子。心の清らかな彼女のことを、誰もが好きにならずにはいられない。

誰にでも優しいから、彼女の悪口を耳にするなんてありえない。

学校に送っていく車の中で、あなたがうれしくて浮かれだすと恥ずかしがる。秘密の質問があればあなたに聞きにくるかわいい娘。あなたは、妊娠しなくて本当によかったと思うはずよ。この子があなたの人生を愛でいっぱいにしてくれるから、こうなるべきだったんだと毎日神様に感謝するわ。この子はあなたの子になるために生まれてきたの。

それから、あなたはもうひとつの小さな魂にも恵まれる。今度は男の子よ。この子が生まれるときも、あなたは一緒。やっぱりあなたにそっくりで、いつもあなたにくっついてばっかり。いつまでもどこまでも走っていく子。はいはいをやめたと思ったら、すぐ走りだしちゃうのよ。歩いたりしないの。毎日あなたを笑わせてくれる。街を歩いていると、道行く人がこの子に話しかけたがって呼びとめる。あなたは彼を、長い時間をかけてひとつずつ理解していく。あなたを楽しませ、あなたに挑戦し、人生に素晴らしい喜びを与えてくれる。彼のつくった恐竜のお話を、何度も繰り返し聞くことになるわ。両手であなたにしがみついている彼に、子守唄を歌ってやるの。

養子について、素敵なことわざがあるわ。その子はあなたのお腹から生まれたのではなく、心から生まれたのだ、って。彼はあなたの心そのもの。あなたは全力で彼を愛し、今の苦しみなんて忘れてしまう。結局はこうなるべき運命だったことを、毎日神様に感謝するようになるから。彼はあなたの子になるために生まれてきたの。

そうしてあなたは、今の時期のことはあまり思い出さなくなるでしょう。この子たちがいる幸せで全部帳消しになってしまうから。こんなことがあなたに起きるのには理由があるの。あなたは妊娠しなかったことを永遠に感謝するでしょう。もし妊娠していたら、この子たちとは出会えなかったのだから。

この子たちはあなたの愛であり魂そのもの。だから今夜はゆっくり眠りなさい、そして2人の子どもたちの夢を見なさい。そうすれば、もうじきこの子たちを抱きしめられるわ。天使からの贈り物。こうなる運命なの。本当よ。

愛を込めて。ウェンディ

ナオミ・ウルフ

Naomi Wolf

作家

「人を幸せにしようと思うのはやめること」

26歳でローズ奨学金を受けた超エリート、ナオミ・ウルフ。1991年にベストセラーとなった『美の陰謀——女たちの見えない敵』（阪急コミュニケーションズ）が出版されたとき、彼女は優秀でこわもてのフェミニズムの急先鋒だった。この本は白熱した議論を巻き起こし、若く猛々《たけだけ》しいこの美女は、世間の注目を一身に浴びることになった。

1993年の『Fire with Fire——The New Female Power and How It Will Change the 21st Century（炎と炎——新しい女性の力と、それが21世紀をいかに変えるか）』では、さらに深くフェミニズムを掘り下げ、新たな地平を拓いている。またこの本でナオミは、今までの自分とは違った一面も見せた。成功によって自ら経験した「女性特有の弱点」を語っているのだ。

「私のセルフイメージは逆転してしまった。それまで私は、自分は人あたりがよく、温かく女らしい人間だと思っていた。親しい人たちとの間でも、だいたいそういうふうにいわれていたからだ。だから自分が、誰かの批判者だったり、敵対者だったり、あるいは安全で穏健な考え方をする人にとって脅威の存在であるなどとは思いもよらなかった――そもそも、まさに批評家たらんと意図していたにもかかわらず……あまりのことに、激しい討論を終えて帰宅すると、私はパートナーの腕の中で泣いてしまうほどだった――そのとき、「持ちすぎることへの恐怖」という劣等な衝動に襲われるようになった――お金に関しては、わざとバカな行いをするという、大学時代に始まった悪癖にさらに深く陥ってしまったのだ。多くの女性同様、自分の収入についていわなければならなくなるたびに、数字の霧の中に逃げ込んだ。税金関係を手伝ってくれる女性に話をするときは、いつも恥ずかしかった。自分の収入を処理するのに最低限必要な知識を学ぶことすら、自分には似合わないと思い込んでいたのだ」

次の手紙は、44歳になり、最新刊『The Treehouse——Eccentric Wisdom from My Father on How to Live, Love, and See（樹上の家——いかに生き、いかに愛し、いかに見るかについて私が父から学んだエキセントリックな知恵）』を出版したナオミが、頭でっかちだった28歳の自分に与える現実的アドバイスである。

†

若い頃の私へ

毎月50ドルずつ株式投資しなさい！　そんなに外食しなくてもいいでしょ。月々の50ドルに複利がついたらいくらになるか考えなさい！

ひげを生やすでもなく、きれいに剃るでもない男は、つかの間のボーイフレンドにはいいかもしれないけど、パートナーには向かない。注意しなさい。

人を幸せにしようとか、認められようなんて思うのはやめること。

流行を追わず、定番を選びなさい。

人の噂話をしないこと。信用を落とすわ。
避妊はおこたりなく。
思いやりがすべてよ。

ナオミ・ウルフ

リー・アン・ウーマック
Lee Ann Womack
シンガー・ソングライター

「今この瞬間を楽しんで。結果じゃなくて」

現在39歳のリー・アン・ウーマックが自分に贈りたいメッセージは、彼女がいった最初の一言からも明らかだ。「この8年間はものすごくいろんなことがありました。夢見てたことがすべて叶って。でも実は、何も覚えてないんですよね」。

ユタでの公演を終え、夫フランク・リデルと15歳のオーブリー、7歳のアン・リーセの2人の娘の待つナッシュビルへの帰路、リー・アンは、テキサス州ジャクソンビルで過ごしていた幼い少女の頃から、今手にしているような成功をずっと夢見てきたのだと語った。ベルモント大学に行ったのも、ただそれがナッシュビルにあるからというだけの理由だった。音楽学科に入ってはみたものの、学位を何かに生かそうと思ったわけではなかったので、結局卒業はしなかった。

彼女は、カントリーミュージック界のスター、ジョージ・ストレイトと一緒にツアーをし、CMA最優秀女性ボーカリスト賞を受賞し、プラチナアルバムを出すことをずっと夢見てきたのだ。こんな夢が実現する見込みはないに等しいと思っていたが、リー・アンはそのすべてを実現したばかりか、グラミー賞をはじめ、数々の賞も獲得した。「今振り返ってみると、限界なんてなかったってことがわかりますね」と彼女はいう。

2005年にリリースした最新アルバムの「There's More Where That Came From」では、再びCMA賞の最優秀アルバム、最優秀女性ボーカリスト部門にノミネートされた。さらに「I May Hate Myself in the Morning」という曲も、年間最優秀シングル賞と年間最優秀ビデオアルバム賞にノミネートされた。

それでも、あまりに一途でひたむきすぎた若い頃のツケを、リー・アンは払わなければならなかった。次善の策――もしも音楽界で成功しなかったらどうやって生きていくかなど、一瞬たりとも考えたこともなかった。音楽で成功すること以外はどうだってよかった。

この手紙で彼女は、最初のアルバム「Lee Ann Womack」のレコーディングのために毎日スタジオ通いをしていた29歳の自分に宛てて、ひたすら成功だけを目指すうちに失ってしまったことについて語っている。

†

ルー

あなたは今、アルバムづくりでピリピリしてるわね。まるで深刻を絵に描いたような顔をしている。いつも頭痛を抱えて、ミュージシャンやエンジニアのジョークにも耐えられないあなた。

あなたは恐れている。

間違いを犯すことを。

曲を聞いて傷つく人がいるかもしれないことを。

曲が売れないかもしれないことを。

ラジオで人気が出ないことを。

出演したのに全然反響がないことを。

でもね、そんなことを怖がってる代わりに、自分の本当に気に入った曲だけをレコーディングしたほうがいいね。そして、その過程を楽しむのよ。こうしたら気に入ってもらえるだろうというんじゃなくて、あなた自身が、ああ楽しいと思うアルバムをつくりなさい。

何が何でも成功しなくちゃいけない、ってあまりにもムキになってると、後になって、今やってることのすべてを、ぼんやりとしか思い出せなくなるよ。今、この瞬間を楽しんで。結果じゃなくて。こうなってほしいと思うことのすべては、きっと叶うから。

将来あなたは、ヒットソングを出す。その中のメッセージのひとつを、今のあなたに聞かせたい。それはこういうこと。まわりがどんなに美しいか見てごらん。さあ、楽しみなさい。ダンスを踊る？ それとも、ただ見てる？ もし選べるなら、立ち上がって踊るのよ。

愛を込めて。リー・アン

トリーシャ・イヤーウッド
Trisha Yearwood
シンガー・ソングライター

「自分の幸せが他の誰かによって決まると思わないで」

ジョージア州モンティセロ、映画館のひとつもないほど小さな町で育ったトリーシャ・イヤーウッドは、信じ難い偉業を成し遂げた。自らの手で運命を切り拓き、カントリー歌手として驚くべき成功を収めたのだ。１９９２年、彼女の名を冠したファーストアルバムの売上は、２００万枚を超えるダブル・プラチナアルバムになった。そしてこのアルバムからシングルカットされた曲も、ヒットチャートのナンバーワンに輝いた。以来、10枚のアルバムを発表、２００５年9月に発表し、グラミー賞二部門を受賞した11枚目のアルバム「Jasper County」は、アカデミー賞授賞式やオリンピック閉会式、アメリカ議会図書館他多くの場面で演奏されている。

音楽業界を生き抜くのは確かにむずかしい。でもトリーシャにとっては、シンガー・ソングライターとしての地位を築くことは、自分自身を確立することに比べれば、むしろいろんな意味ではるかにやさしかったように思える。

若い頃のトリーシャは、誰かに認めてもらわなければ自分には価値がない、という思いにとらわれていた。「そういう人は多いと思うんです——とくに女性はね。人に気に入ってもらいたい、それだけのために、自分とは違う誰かになろうとがんばってしまうんですよね」。

音楽業界で10年を過ごした後、彼女は自分の人生を、もっとじっくりと生きようと思うようになった。「信じられないほど素晴らしい年月でした。でも、個人的には犠牲にしてきたことも多かったんです。だからここ何年かは、自分にとって本当に大事だと思えることと、つながりを取り戻そうと心がけてきたんです」。たとえば妹の子どもたちのサッカーを観たり、家族ともっと多くの時間を過ごそうと心がけた。

9月11日の同時多発テロを経て、こうした努力にもより拍車がかかった。「本当に大事なこととは何かを考えるようになりましたね。この10年間の人生は本当に素晴らしかったけど、これからの10年はちょっと違った生き方をしたい。もちろん音楽活動は続けるつもりです。でも、自分が日々生きているうえで行うことが、そのまま人の役に立つような方法を見つけたいと思ってます」。

二度の結婚、離婚を経験した42歳のトリーシャは、今は歌手のガース・ブルックスと婚約中だ。この手紙で彼女は、20代初め頃の自分に向けたメッセージを綴っている。

†

あなたにいってあげたいことがある。素直に心を開いて聞いてもらえるといいんだけど。

みんながあなたのことをどう思うかなんて気にしないで。それから、自分の幸せが他の誰かによって決まるなんて思わないで。頼るのは自分だけ。自分の内面を大事にして、自分の直感に従い、自分が自然に成長していくのに任せて。そうすれば、あなたがもともと幸せになるために持っている能力はもっともっ

トリーシャ

と大きく花開くはずよ。

こんなこと聞くまでもないと思ってるかもしれないね。ママとパパのおかげで、あなたは知性も教養もある自立した人間に育った。そして今のあなたがある。成功する見込みなんてほとんどなかったのに、ずっとあきらめずに音楽を続けてきたのは素晴らしいと思う。

でも、あなたには自立してるとはいえない部分もある。「いつ結婚するの?」って最近みんなに聞かれるでしょ? 高校を出てすぐに結婚しなかった友達も、大学を出たとたんバタバタと結婚していく。それであなたも、そろそろ自分も結婚すべきなんじゃないかと思いはじめた。

でもなんだかわからないけど、これは違う、と直感的に思うときもある。それでも結婚への道を突っ走ってしまう。もしそのまま最後までいってしまったら、どんなことになるか私にはわかってる。

これから1年ほど後、あなたはパパと一緒に、バージンロードを歩くために教会の後ろに立つ。「おまえが望むなら、一緒にここから逃げ出したっていいんだぞ」って、パパは冗談めかしていう。パパにはとてもいえないけど、それこそが、あなたの本当にしたいこと。

でも、もう手遅れ。みんなが祝福してくれてる、式の費用も全部払ってしまった、食べきれないほどのケーキも準備完了。この期におよんでやっぱりやめたなんて、恥ずかしくてとてもいえない。そんな理由で、あなたは結婚してしまう――相手は素晴らしい男性だけど、動機はまるっきり間違ってる。

もっと他の生き方があるのよ。そのおかげで私は満ち足りた気持ちを知った。あなたにもそれを知ってほしいの。神様はあなたにちゃんとステキなプランを用意してくれている。毎日、神様に、今日はどうすべきか聞いてみるのよ。

自分の価値を他の人に評価してもらおうとするのはやめなさい――あなたは今、自分が幸せかどうかを他の人に決めてもらってる。人生をコントロールしようとする代わりに、自分の内なる声に耳を傾けて。そうすれば、今必死になって探しているあなたの才能のすべてが、ひとりでに目を覚まして、あなたの元にやってくるはずよ。

愛を込めて。42歳になった未来のあなたよりこの度は本書をお買い求めいただき有り難うございます。
内容に関するご意見・ご感想等は下記のいずれかへお願いいたします。

海と月社
〒166-0004　東京都杉並区阿佐谷南3-47-5-102
FAX　03-5938-6649／Eメール　info@umitotsuki.co.jp

「過去の自分」に贈る手紙
自分を信じて生きるための41のアドバイス

2008年1月3日　初版第1刷発行

編者　エリン・スプラギンズ
訳者　山内あゆ子
装幀　大野リサ
印刷　萩原印刷株式会社
製本　株式会社明泉堂
用紙　中庄株式会社
発行所　有限会社海と月社
〒166-0004　東京都杉並区阿佐谷南3-47-5-102
電話03-5934-9911　FAX03-5938-6649
http://www.umitotsuki.co.jp

定価はカバーに表示してあります。乱丁本・落丁本はお取り替えいたします。

ISBN978-4-903212-06-7